Konvertiten: katholisch geworden

Alfred Sobel

Konvertiten:
katholisch geworden

13 Porträts

Patmos Verlag

VERLAGSGRUPPE PATMOS

PATMOS
ESCHBACH
GRÜNEWALD
THORBECKE
SCHWABEN
VER SACRUM

Die Verlagsgruppe
mit Sinn für das Leben

Die Verlagsgruppe Patmos ist sich ihrer Verantwortung gegenüber unserer Umwelt bewusst. Wir folgen dem Prinzip der Nachhaltigkeit und streben den Einklang von wirtschaftlicher Entwicklung, sozialer Sicherheit und Erhaltung unserer natürlichen Lebensgrundlagen an. Näheres zur Nachhaltigkeitsstrategie der Verlagsgruppe Patmos auf unserer Website www.verlagsgruppe-patmos.de/nachhaltig-gut-leben

Umschlaggestaltung: Finken & Bumiller, Stuttgart
Umschlagabbildung: TTstudio/shutterstock/gaudí.
Gestaltung und Satz: Schwabenverlag AG, Ostfildern
Druck: Finidr s.r.o., Český Těšín
Hergestellt in Tschechien
ISBN 978-3-8436-1446-7

Was die Welt heute braucht,
sind nicht Prediger, sondern Zeugen,
und wenn die Welt überhaupt noch
die Worte glaubt, ist es deswegen,
weil Zeugen diese Worte sagen.

Papst Paul VI.

Für meine Frau Sylvia
in Dankbarkeit für die erfahrene
Unterstützung und Hilfe
und für ihre Inspirationen als Konvertitin

und meine Kinder
Bernadette
Benedikt
Vincent

Möge sie der Glaube tragen:
„In Gottes unendlicher Liebe –
wunderbar geborgen
vor aller Leistung
trotz aller Schuld!"

Klaus Kliesch

Inhalt

Einleitung 8

Hugo Ball und Emmy Hennings
„Es lebe der Kommunismus und die katholische Kirche!" 14

Katharina Kasper
„Um diese Zeit erkannte ich, dass Gott etwas Besonderes
von mir verlangte." 28

Karin Struck
„Niemals aber will ich beruhigt sein!" 40

Max Thurian
„Wir brauchen alle eine Erneuerung des Glaubens." 54

Antoni Gaudí
„Schönheit ist die Ausstrahlung der Wahrheit." 70

Quintin Montgomery-Wright
„Zuerst stand ich in Verdacht, kein wahrer Katholik zu sein.
Jetzt werde ich verdächtigt, zu sehr katholisch zu sein." 84

Elisabeth Gnauck-Kühne
„So wurde ich Frauenrechtlerin und gelobte mir, das Leben
meiner Geschlechtsgenossinnen möglichst zu erleichtern." 96

Leonhard Adler
„Von der besonderen Gnade Gottes, der Abstammung nach ein
Jude zu sein, da man dadurch dem Erlöser desto näher steht." 110

Justo Gallego Martínez
„Mein Glaube ist groß und ein großer Glaube verlangt nach
großen Taten." 120

Marshall McLuhan
„Ich bin ein Konvertit der schlimmsten Art." 136

Ernst Jünger
„Im Grunde kommt nichts leichter zusammen als ein
alter Priester und ein alter Soldat."   154

Karin Öberg
„Es bestand nie ein intellektuelles Problem für mich
zwischen Glauben und Wissenschaft."   176

Uwe Wolff
„Da fühlte ich: Hier gehörst du hin. So kam ich an,
wo ich schon immer gewesen war."   188

Bildnachweis   200
Vita   200

Einleitung

„Es wird Zeit, an Gott zu denken"[1] formulierte einst Andrej Sinjawski (1925–1997). Es ist dieser Geist, aus dem Menschen eine Konversion vollziehen und ihrem Leben einen neuen Sinn geben. Ich stelle in diesem Buch 13 außergewöhnliche Menschen vor, die eine Lebenswende vollzogen haben und zum Katholizismus konvertierten. Es sind Persönlichkeiten, die oft gegen den Strom schwammen und ihren eigenen Weg gegangen sind, ohne auf das zu hören, was andere sagten. Sie waren auf der Suche, kannten die Abgründe des Lebens – auch ihre eigenen –, um irgendwann zum christlichen Glauben bzw. zum Katholizismus zu finden.

Der Mythos der Moderne, der selbstbestimmte Mensch könne sich aus eigenen Kräften eine Identität stiften, ist fraglich geworden. In einer schnelllebigen und unsicheren Zeit brauchen wir Orientierungsmarken außerhalb der eigenen Person. Es gibt einen Hunger nach Vorbildern, nach authentischen Persönlichkeiten, nach moralischen Helden und Leitbildern – nach Heiligen des Alltags. Heutzutage werden Lebensretter, Klimaaktivisten, Whistleblower oder Spitzensportler heroisiert. Konvertiten unterscheiden sich von ihnen insofern, als ihnen ihre entschiedene Haltung nicht von außen zugeschrieben wird, sondern sie eine Lebenswende existenziell vollzogen haben, oft gegen eigene innere Widerstände. Viele Konvertiten wissen zu berichten, dass Gott für sie ein absolutes Geheimnis und nicht selbstverständlich war. Um von

---

1   Sinjawski, Andrej: Gedanken hinter Gittern, Wien 1968, 48.

„ihm" zu sprechen, mussten sie mit „ihm" gerungen haben. Und vielfach musste die Lebenswende gegen äußere Widerstände bewältigt werden. Auch wer heute über Glauben oder gar über seine religiöse Kehre spricht, erfährt meist peinliches Schweigen, wie einst Alfred Döblin, dessen öffentliches Glaubensbekenntnis Bertolt Brecht mit dem kleinen Gedicht ‚Ein peinlicher Vorfall' kommentierte. Der Kreis um Brecht reagierte mitleidig: Leider sei Döblin durch Schicksalsschläge und Krankheit schwach geworden, sodass er der Versuchung, an etwas Irrationales zu glauben, nicht widerstehen konnte.

Georges Bernanos sprach einst von ‚lästigen Konvertiten'. Sie sind lästig, weil sie davon überzeugt sind, eine Wahrheit erkannt zu haben, und mutig genug waren, ihr Ausdruck zu geben. „Jede Konversion [...] ist ein Glaubenszeugnis, und zwar in zweifacher Hinsicht: Der Konvertit selbst legt durch seinen Glaubensweg ein Zeugnis ab. Aber schon die Tatsache, dass jemand, für seine Umwelt unverständlich [...], seine Überzeugung ändert, beweist, dass hier die Gnade Gottes das Herz eines Menschen berührt hat."[2]

Wie kann der Umgang mit der Biografie dieser Menschen erfolgen, ohne in Idealisierungen und Schwärmereien einerseits oder in Unverständnis andererseits zu verfallen? Heutige Einsichten in biografisches Lernen und Lernen am Modell betonen: Es „kann [..] nicht um die direkte Nachahmung einzelner Verhaltensweisen gehen, sondern um das Herausarbeiten von Haltungen, Einstellungen und Werten, die dann in Prozessen einer

---

2 Oblinger, Georg Alois: gesucht gefunden. Bedeutende Konversionen, Kißlegg 2009, 8.

kreativen Aneignung aufs eigene Leben übertragen werden."[3]

Vielleicht werden Sie bei der Lektüre des Buches angeregt zu fragen: Was an diesem Menschen, seinem Leben und Handeln, spricht mich an und bewegt mich? Welche Überzeugungen, Aussagen, welche Charaktereigenschaft und welches Engagement, welche ihrer oder seiner Ideen wären auch heute nötig? Wo gibt es Anknüpfungs- oder Reibungspunkte für das eigene Leben? Oder was bleibt mir fremd und fragwürdig? Wo kann und muss ich sagen, ich lebe in einer anderen Geisteswelt?

Die beschriebenen Persönlichkeiten sind höchst unterschiedlich: ein Künstlerehepaar, eine heiliggesprochene Ordensfrau, eine Schriftstellerin und politische Rebellin, ein Mönch aus Taizé, ein schottischer Dorfpfarrer in Frankreich, ein Architekt, eine Frauenrechtlerin, ein Jude, ein ehemaliger Mönch, ein Medienwissenschaftler, ein Schriftsteller, eine Astrochemikerin und ein Kulturwissenschaftler. Es eint sie, dass sie gesucht, zum Glauben gefunden und aus diesem Glauben heraus ihr Leben gestaltet haben.

Ich habe mich entschlossen, kurze Hinführungen den jeweiligen Artikeln voranzustellen. Sie wollen meinen persönlichen Bezug und Hintergrund zur beschriebenen Person offenlegen und Appetit auf die nachfolgende Darstellung machen.

Hugo Ball (1886–1927) und **Emmy Hennings (1885–1948)** waren 1916 die ‚Erfinder‘ der Kunstrichtung des Dadaismus. Während Emmy Hennings versuchte, trotz eines

---

3   Mendl, Hans: Lernen an (außer-)gewöhnlichen Menschen. Donauwörth 2005, 56.

durchaus anrüchigen Lebenswandels ihren Glauben zu leben, bewirkte sie die langsame Konversion ihres Ehepartners Hugo Ball zur katholischen Kirche.

Katharina Kasper (1820–1898) wurde zur Ordensgründerin, weil sie sich von der geistlichen und materiellen Not ihrer Mitmenschen ansprechen ließ. Sie fragte immer wieder nach dem Willen Gottes und stand Menschen in Notlagen bei. Katharina Kasper war eine große Beterin und emanzipierte Frau mit modernen Führungsqualitäten, die am Ende ihres Lebens eine Ordensgemeinschaft mit über 1700 Frauen leitete.

Karin Struck (1947–2006) war eine radikal Suchende. Als feministische Schriftstellerin war sie lange Zeit Liebling linker Medien. Ein Schwangerschaftsabbruch wurde zum Wendepunkt ihres Lebens. Sie engagierte sich für das Lebensrecht Ungeborener und fand zur katholischen Kirche. Selbst schwer erkrankt, wurde der Glaube für sie zur Heimat und zum Halt.

Max Thurian (1921–1996) ging einen verschlungenen Weg vom reformierten Theologen über das Mönchstum in Taizé und die Ökumene bis hin zum katholischen Priester. Es war ein Zusammenwirken von theologischen Überlegungen, ökumenischen Gesprächen und liturgischen Erfahrungen, die ihn zur Bedeutung des sakramentalen Charakters der Priesterweihe, der Apostolizität der Kirche und des Papstamtes führte und eine Konversion unausweichlich machte.

Antoni Gaudí (1852–1926) wird als ‚Architekt Gottes‘ bezeichnet, dem der Bau der Sagrada Família in Barcelona in jungen Jahren übertragen wurde. Durch die Hingabe an den Bau hat die Kirche ihn zum Glauben bekehrt, ihn innerlich geformt und allmählich verwandelt.

Quintin Montgomery-Wright (1914–1996) kann als Dorfpfarrer ein Vorbild für den pastoralen Dienst von Priestern sein. Er war im Alltag durch seine Soutane sichtbar und lebte überzeugend einen traditionellen Katholizismus, ohne fundamentalistisch zu sein.

Elisabeth Gnauck-Kühne (1850–1917) engagierte sich für die soziale Lage von Frauen, ihr Recht auf Arbeit und Bildung sowie für die Gleichwertigkeit der Geschlechter. Sie war Sozialpolitikerin der ersten Stunde und Programmatikerin der katholischen Frauenbewegung.

Leonhard Adler (1882–1965) suchte beharrlich nach einer Beheimatung im Glauben, die er schließlich im Katholizismus fand. Das Leben des geborenen Juden enthielt viele Brüche und Umwege. Was er als richtig erkannt hatte, verfolgte er dann mit Begeisterung und Hingabe: als Ingenieur und Verkehrsplaner, als Ehemann, als Familienvater und Christ und schließlich als Mönch und Priester.

Justo Gallego Martínez (1925–2021) baute fast 60 Jahre bei Madrid an seiner Kathedrale zur Ehre Gottes. Dabei war er weder Architekt noch Ingenieur. Seine Überzeugung lautete: „Mein Glaube ist groß und ein großer Glaube verlangt nach großen Taten.“

Marshall McLuhan (1911–1980) war ein weltbekannter Medienwissenschaftler und Kommunikationstheoretiker. Durch das Studium katholischer Denker und beharrliches Gebet mit der Bitte um ein Zeichen fand er zum Glauben. Er wählte den Weg, den Glauben auszuprobieren, statt nur Beobachter zu sein.

Ernst Jünger (1895–1998) war Soldat im ersten Weltkrieg, was ihn als Schriftsteller lebenslang prägte. Bekannt wurde er durch seine Kriegserlebnisbücher und Tagebücher. Sein ganzes Leben war er auf spiritueller Suche, wobei ihn der Katholizismus anzog, aber auch irritierte.

Karin Öberg (*1982) ist Professorin für Astronomie an der Harvard-Universität. Während ihrer Promotion fand sie zum Glauben und trat sieben Jahre später der katholischen Kirche bei. Seitdem macht sie sich stark für die Vereinbarkeit von Glauben und Wissenschaft.

Uwe Wolff (*1955) ist Kulturwissenschaftler, Schriftsteller und Theologe. Hervorgetreten ist Wolff durch die Wiederentdeckung der spirituellen Bedeutung von Engeln auf christlicher Grundlage ohne esoterische Spekulationen.

Die hier beschriebenen Katholikinnen und Katholiken besaßen einen eigenen Willen, einen unabhängigen Geist und führten oder führen ein selbstbestimmtes Leben. Sie sind glaubwürdige Vorbilder und Lotsen durch die Unbilden des Lebens. Denn Menschen orientieren sich selten an Sachen, sondern eher an glaubwürdigen Menschen, die Krisen bewältigt haben, ihren Weg gegangen sind und ihr Ideal gelebt haben.

Hugo Ball und Emmy Hennings

„Es lebe der Kommunismus
und die katholische Kirche!"

Paare findet man selten unter den Vorbildern und Heiligen. Dieser blinde Fleck der Kirche ist erst in den letzten Jahren aufgefallen. Helmut Moll, der Beauftragte für Heiligsprechungen im Erzbistum Köln, suchte sieben Jahre lang nach allen bisher heilig- und seliggesprochenen Paaren, denn nur in den seltensten Fällen wurde ein Ehepaar gemeinsam zur Ehre der Altäre erhoben. 2015 war dies erstmals bei einer Heiligsprechung der Fall.

Emmy Hennings und Hugo Ball führten teilweise eine turbulente Ehe, immer wieder nahe am Scheitern. Wie sie letztlich mit ihren durchaus schwerwiegenden Problemen umgegangen sind, hat mich von Anfang an fasziniert.

Der christliche Glaube war ihnen dabei immer wieder Inspiration und Ansporn auch in schwierigen Situationen.

„Es lebe der Kommunismus und die katholische Kirche!"[1] Mit Sätzen wie diesem hat Hugo Ball (1886–1927), einer der eigenwilligsten Künstler des Expressionismus, seine Umwelt regelmäßig in Erstaunen versetzt. Heute gehören Hugo Ball und Emmy Hennings (1885–1948) zu den eher vergessenen Namen der deutschen Literatur und des Katholizismus.[2] Für kurze Zeit standen sie im Rampenlicht der Öffentlichkeit, als sie während des Ersten Weltkriegs die Kunstrichtung des Dadaismus gründeten. Anschließend wandte sich der Freigeist Hugo Ball unter dem Einfluss seiner Frau Emmy, einer Konvertitin, dem Katholizismus zu und entwickelte sich zu einem bemerkenswerten geistlichen Schriftsteller.

Wer war dieses Paar?

Emmy Hennings wurde 1885 in Flensburg geboren. Seit frühester Jugend zog es sie zur Schauspielerei – aber der Erfolg blieb aus und sie landete als Cabaretsängerin in der Münchener Bohème. Sie war Schauspielerin, Sängerin, Muse und Dichterin. Um ihre Drogensucht zu finanzieren, arbeitete sie als Gelegenheitsprostituierte. Ihr loser Lebenswandel brachte sie mehrfach ins Gefängnis. Gleichzeitig war Emmy Hennings, die 1911 zur katholischen Kirche konvertierte, eine treue Kirchgängerin und betete täglich vor ihrem Hausaltar. Sie fühlte sich innerlich zerrissen zwischen einer religiösen Sehnsucht und ihrem ausschweifenden Leben. Schon früh war sie aber davon überzeugt, dass es für eine Liebesbeziehung neben

---

1   Zit. nach Sobel, Alfred: Langsame Konversion, in: Die Tagespost vom 22.5.2015 (Die Aussage stammt ursprünglich von Franz Blei).
2   Ich habe über das Paar Hugo Ball und Emmy Hennings eine Biografie geschrieben: Gute Ehen werden in der Hölle geschlossen. Das wilde Leben des Künstlerpaares Hugo Ball und Emmy Hennings zwischen Dadaismus und Glauben, Kißlegg ²2016.

Leidenschaft auch eines gemeinsamen Glaubens bedürfe. Immer wenn sie mit Freunden zusammenlebte, wie zum Beispiel 1913 mit dem Schriftsteller Johannes R. Becher, drängte sie darauf, gemeinsam zu beten.

Als der Dramaturg und Schriftsteller Hugo Ball 1914 einen ihrer Auftritte in der Schwabinger Künstlerkneipe ‚Simplicissimus' besuchte, verliebte er sich in Emmy. Zu diesem Zeitpunkt befanden sich beide in einer existenziellen Lebenskrise: Emmy war unglücklich über ihr Leben als drogenabhängige Chansonette mit rasch wechselnden Liebesbeziehungen und ihren Gefängnisaufenthalten. Der Außenseiter und Atheist Hugo hingegen suchte nach einer Beziehung, die ihn aus seiner Einsamkeit herausführen sollte.

Flucht in die Schweiz und Gründung des ‚Dadaismus'

1915 taten sich die beiden Pazifisten zusammen und flüchteten vor der deutschen Kriegsbegeisterung in die neutrale Schweiz. Trotz bitterster Armut schlugen sie sich mit Auftritten in Kneipen und billigen Amüsierlokalen durch: Emmy als Sängerin und Tänzerin, Hugo als Pianist und Texter. 1916 trat das Paar mit einem spektakulären Auftritt ins Rampenlicht der modernen Kunst. Es gründete in Zürich das ‚Cabaret Voltaire', das zum Geburtsort des Dadaismus wurde, sich zum Umsturz bisher gültiger Kunstüberzeugungen entwickelte und bis heute die moderne Kunst wesentlich beeinflusst.

Das alltägliche Zusammenleben von Emmy und Hugo erwies sich als überaus schwierig. In den ersten Jahren stand ihre Beziehung immer wieder kurz vor dem Scheitern, weil ihre Charaktere und Lebenseinstellungen allzu unterschiedlich waren.

Als Emmy Hennings 1917 eine Affäre mit einem Spanier begann, verfolgte Hugo Ball sie mit einem Revolver in der Tasche. Er gewann sie aber zurück und ermutigte sie, über die eigenen Erfahrungen mit Prostitution, Drogen und Inhaftierungen zu schreiben – für Frauen damals ein absolutes Tabu.

Zwischen Glaubenssehnsucht und Lebensgier: Balls langsame Konversion

Hugo Ball hatte trotz seiner katholischen Kindheit in Pirmasens den Zugang zum Glauben verloren und befand sich im Zustand einer ‚geistigen Obdachlosigkeit'. Er trat 1912 aus der Kirche aus und besaß Anfang 1915 nur noch ‚rudimentäre Reste seines Kinderglaubens'. Sein Freund Richard Huelsenbeck beschreibt seine damalige Religiosität: „In der Zeit, als ich Ball kennenlernte, war er nichts weniger als religiös und sprach nie vom Katholizismus, der später bei ihm eine solche Rolle spielte."[3]

Bei einem Vortrag von Lautgedichten 1916 im Cabaret Voltaire geschieht etwas Außergewöhnliches. Er fühlt sich unerwartet zurückversetzt in die Gottesdienste seiner Kindheit: „Da bemerkte ich, dass meine Stimme, der kein anderer Weg mehr blieb, die uralte Kadenz der priesterlichen Lamentation annahm, jenen Stil des Meßgesangs, wie er durch die katholische Kirchen des Morgen- und Abendlandes wehklagt. [...] Einen Moment lang schien mir, als tauche in meiner kubistischen Maske ein bleiches, verstörtes Jungensgesicht auf, jenes halb erschrockene, halb neugierige Gesicht eines zehnjährigen Knaben, der in den Totenmessen und Hochämtern seiner

---

3   Huelsenbeck, Richard: Mit Witz, Licht und Grütze. Auf den Spuren des Dadaismus, Wiesbaden 1957, 9.

Heimatpfarrei zitternd und gierig am Munde des Priesters hängt."[4]

Im Nachhinein interpretiert Ball dieses Ereignis als eine Schlüsselerfahrung, als ersten Impuls zur späteren Bekehrung und Rückkehr zur katholischen Kirche. (Er war also im strengen Sinn kein Konvertit, sondern ein Revertit). Sein Interesse am Glauben war geweckt, es begann, wie er es nannte, seine ‚langsame Konversion'.

Bis 1919 war Ball als politischer Journalist in einem Kreis von Kriegsgegnern mit Ernst Bloch aktiv und schrieb für eine Emigranten-Zeitung gegen Militarismus und Nationalismus. Er, der zu dieser Zeit an Gott, an der Kirche und der Gottheit Jesu zweifelt, wünscht sich ein anarchisches Christentum, das aus dem Geist des Evangeliums lebt und tätiges Mitleid und Menschenliebe übt. „Wir glauben nicht an die sichtbare Kirche, aber an eine unsichtbare [...]. Wir glauben an eine heilige, christliche Revolution und an die unio mystica der befreiten Welt."[5] Enttäuscht von der politischen Entwicklung Deutschlands wendet sich Ball dem Katholizismus zu.

Motive für die Rückkehr zur Kirche

Bei Ball gibt es einen Entwicklungsprozess. Bereits seit 1915 finden sich in Balls Aufzeichnungen immer wieder Hinweise auf eine Beschäftigung mit dem Glauben und eine Annäherung an den Katholizismus. Aus diesem Grund ist es berechtigt, wenn Emmy Hennings eines ihrer Erinnerungsbücher mit ‚Hugo Balls Weg zu Gott' betitelt.

---

4   Ball, Hugo: Die Flucht aus der Zeit, Zürich 1992, 106.
5   Ball, Hugo: Briefe 1904–1927, hg. und kommentiert von Gerhard Schaub und Ernst Teubner, 3 Bde., Göttingen 2003 (= Sämtliche Werke und Briefe. Bd. 10.1–3), Bd. 1 Nr. 165, 222.

Neben der intellektuellen Auseinandersetzung mit dem Katholizismus macht er 1915 erste spirituelle Erfahrungen wie bei seinem Dada-Auftritt als ‚magischer Bischof', wo er in seine verschüttete katholische Kindheit eintaucht. Es werden mystische Empfindungen wachgerufen, die er anfangs schwer einordnen kann.

Eine ähnliche Erfahrung beschreibt Ball nochmals am 7.12.1919: „Heute abend sang ich das Credo unvermittelt, wie es mir immer wieder in diesen letzten Wochen durch den Sinn geht. Credo in unum deum [...]. Die Worte berauschen mich. Die Kinderwelt steht auf. Es kämpft und tobt in mir. Ich beuge mich tief, ich fürchte, diesem Leben, diesem Überschwang nicht gewachsen zu sein. [...] Alle Vokale geben sich hier, in der Kirche, ein rauschendes, ewiges Stelldichein.“[6] Wieder wird die katholische Kindheit wachgerufen, die religiöse Kraft der musikalischen Rezitation im Kirchenstil überfällt und ergreift ihn, löst starke Emotionen aus und Balls Aufmerksamkeit wird wieder auf die Vokalreihen gelenkt. Er erfährt erneut die religiöse Macht magischer Silben.

Später wird Ball im ‚Byzantinischen Christentum' schreiben: „Die Sprache Gottes bedarf nicht der menschlichen Sprache, um sich verständlich zu machen. Unsere vielgepriesene Seelenkunde reicht nicht hierhin.“[7]

Er wird vom Unbewussten in Beschlag genommen, er spürt, dass es einer Veränderung der Persönlichkeit von innen bedarf. Als ‚magischer Bischof' hat Ball schon eine

---

6 Ball: Die Flucht aus der Zeit, 256.
7 Ball, Hugo: Byzantinisches Christentum. Drei Heiligenleben, hg. und kommentiert von Bernd Wacker. Göttingen 2011 (= Sämtliche Werke und Briefe.), Bd. 7, 223.

ähnliche spirituelle Erfahrung gemacht, sie dann aber wieder verdrängt. Mit Macht steigen nun erneut psychische Kräfte empor, auf die er keinen Einfluss hat und die auf eine Veränderung der Persönlichkeit von innen zielen. Es ist ein Prozess des Suchens nach seiner eigentlichen Bestimmung und des Vollzugs einer Lebenswende.

Obwohl sich am Ende der Dada-Zeit die christlich-mystischen Eintragungen in seinem Tagebuch häufen und trotz seines religiösen Interesses, ist Balls Standpunkt zu dieser Zeit dem Katholizismus gegenüber sehr kritisch, insbesondere gegenüber der Amtskirche. Während er zwischen 1916 und 1919 in Briefen, Essays und Büchern die Institution Kirche und das Papsttum heftig kritisiert, besucht er zugleich mit Emmy Hennings Gottesdienste und betet mit ihr. Als weiteren Beweggrund, zum Glauben zu finden, erwähnt Ball selbst Erfahrungen ‚schmerzlicher Art‘, wobei er ‚Krieg mit seinen Trostlosigkeiten‘ und ‚moralische und ökonomische Depression‘ nennt. Für Ball stillt der römisch-katholische Glaube das Bedürfnis nach geistiger Direktive‘ und ‚nach einem sicheren Standort inmitten der Zusammenbrüche und der Konfusion‘. Hier dürfte Ball seine eigenen Erfahrungen angesprochen haben.

Emmy Hennings Einfluss

Emmy Hennings übte einen wesentlichen Einfluss auf Balls Konversion aus, vor allem durch die gemeinsame Lektüre von Mystikern und Heiligen, den Besuch von Gottesdiensten, Gespräche über den Glauben und ihre Gebete vor dem Hausaltar. „Es ist etwas Schönes um die katholische Kirche. Sie ist wie eine ewige Mutter, die uns Eintagskinder in ihre Arme auffängt. [...] Erhole dich gut, Liebste, schöpfe neuen Atem und neue Kraft und sammle dich"[8], schreibt Hugo Ball in einem Brief an seine Partnerin.

Schon früh war Emmy Hennings überzeugt, dass es für eine Ehe neben der Leidenschaft auch eines gemeinsamen Glaubens bedurfte. Das erklärt ihre rätselhaften Gedanken bei den ersten Treffen mit Hugo Ball: „Eins ahnte ich zum voraus, dass dies der Mann war, mit dem ich beten konnte. Dies war das einzige Motiv, das mich bestimmte, mich ihm vollkommen anzuvertrauen."[9] Diese Aussage verdeutlicht Hennings tiefe Sehnsucht nach einem gemeinsam gelebten Glauben, um ihre Zweifel zu ertragen und Fehltritte zu überwinden. In der Begegnung mit Hugo Ball erfüllten sich ihr religiöser Hunger und ihr Herzenswunsch nach einer Glaubensgemeinschaft. Ball hingegen sah in Emmy Hennings eine Frau, die auf dem Weg voranging, den er selbst suchte, und die ihn bei seinem religiösen Suchen unterstützte.

Durch das Zusammenleben öffnete er sich für ihre religiöse Welt. Auch Balls Freunde bestätigten, wenn auch missbilligend, „dass Hugo stark unter dem Einfluss dieser Frau stand"[10] und dass sie es war, die „Hugo Balls Weg zu Gott"[11] bestimmte.

Balls Entdeckung der Heiligen

1920 siedelte das Paar ins Tessin um und Ball begann, über sein bisheriges Leben nachzudenken und warf sich mit intellektuellem Heißhunger auf sein neues Interessengebiet: den Katholizismus. Angeregt wurde er durch

---

8   Ball: Briefe 1904–1927, 205.
9   Ball-Hennings, Emmy: Das flüchtige Spiel, Frankfurt a. M. 1988, 179f.
10   Huelsenbeck: Mit Witz, Licht und Grütze, 30.
11   Unter diesem Titel veröffentlichte Emmy Ball-Hennings 1931 ein Erinnerungsbuch über Hugo Ball: Ball-Hennings, Emmy: Hugo Balls Weg zu Gott. Ein Buch der Erinnerung, München 1931.

die ‚Acta Sanctorum‘, eine mehrbändige Sammlung von Heiligenbiografien. Ball suchte einen neuen Ausgangspunkt, um mit der Enttäuschung über die ausbleibende Erneuerung Deutschlands umgehen zu können.

Das gemeinsame Interesse am Glauben verband das Ehepaar. Aber während Emmy Hennings in Gedichten und Notizen sehr emotional um ihre Glaubenssehnsucht kreiste, vertiefte sich Hugo Ball mit Eifer in altchristliche Schriften und Lebensentwürfe, aber auch in Fragen der Psychoanalyse und Seelenkunde.

1919 hatte er bereits die utopische Idee einer ‚Internationale der religiösen Intelligenz‘ entwickelt, die außerhalb von Staat und Kirche eine ‚asketische, demütige, selbstlose und uneigennützige Elite‘ bilden könnten. Es sollten Menschen sein, die keine Macht und keinen Besitz anstreben und daher unabhängig sind. Nun stieß Ball auf die Heiligen. Ihre Lebensform der Hingabe an Gott und die Kirche sowie ihre Tugenden wie Opfer, Hingabe, Verzicht, Demut und Liebe waren die Werte, die Deutschlands Intelligenz brauchte.

Hugo war nun davon überzeugt, dass eine Erneuerung der Gesellschaft nur aus dem Inneren des Menschen erfolgen könne und dass er bei sich anfangen müsse. Es ging dem Paar um eine innere Wandlung und eine Umkehr zum Glauben, was sie eng verband. Ball suchte nach Erlösung und war bestrebt, ein heiliges Leben zu führen.

Seine Konversion fand 1922 ihren Abschluss in einer Generalbeichte in München und dem Wiedereintritt in die katholische Kirche. Nach seiner Hinwendung zum Katholizismus lebte Ball, der radikal dem einmal als richtig Erkanntem folgte, nicht eine gemäßigte, bürgerliche Version des Glaubens, sondern einen integralen Katholizismus. Dabei verstieg er sich gelegentlich in einen ka-

tholischen Rigorismus, der die ‚Unbedingtheit der Nachfolge Christi' nur in der Ausschließung aller säkularen
Dinge zu erreichen glaubte.

Er entwickelte sich zum stark religiösen, der katholischen Kirche eng verbundenen Schriftsteller und bezog
eine Gegenposition zu vielen Gewissheiten der Moderne.
Wo schnelle Bedürfnisbefriedigung gepredigt und praktiziert wurde, lobte er die Askese, wobei Balls Katholizismus zugleich kindlich fromm und intellektuell re-
flektierend war. Das Glaubensleben des Paares nährte
sich aus der Vielfalt katholischer Frömmigkeit und ihrer
Rituale.

Leben im Tessin

Emmy Hennings und Hugo Ball heirateten 1920 standes-
amtlich in Bern. Eine kirchliche Heirat blieb ihnen verwehrt, da Emmy vor ihrer Konversion bereits einmal verheiratet gewesen war. Nach dem Umzug ins Tessin
entwickelte sich eine enge Freundschaft zwischen Hermann Hesse und dem Paar. Für den ebenfalls im Tessin
lebenden Hesse wurde Ball zur wichtigsten Bezugsper-
son und die Biografie Balls über Hesse zu seinem erfolg-
reichsten Buch.

Ball und Hesse diskutierten oft nächtelang über spirituelle Themen: Psychoanalyse, Religion, Träume, Kunst
und ihre mittelalterlichen und indischen Interessen. Im
Gespräch mit Hesse entwickelte Ball die Idee, über die
Zusammenhänge zwischen Exorzismus und Psychoanalyse und über das frühe Mönchstum des Vorderen Orients
zu forschen. Während Ball sich mit den Wüstenheiligen
und dem Exorzismus beschäftigte, ereigneten sich im
Hause Ball plötzlich übernatürliche Phänomene, die
Emmy wie folgt beschrieb: Ball „glaubte ähnliche Schläge

zu empfangen, wie der Wüstenheilige, da er mit den Dämonen stritt ... Die Anfechtungen wurden Hugo und auch mir und dem Kind so lästig, daß er die Arbeit abbrechen musste."[12] Später, im Januar 1925 in Rom und im März 1926 in Vietri, erlebten beide erneut ,einige Diabolismen' und fühlten sich durch unerklärlichen Lärm bedrängt. Obwohl Hugo Ball an die personale Existenz von Dämonen als Träger des Bösen glaubte, ging das Paar mit diesen Erlebnissen sehr diskret um.

Bei einem längeren Aufenthalt in Italien 1926 sprach Ball sogar davon, als Mönch in ein Kloster einzutreten. Die radikale Askese und das Mönchtum der frühbyzantinischen Kirche empfand er als ideale Lebensform. Musste dieser Zwiespalt zwischen der lebenslustigen Emmy und dem asketisch-mönchischen Hugo nicht zu Konflikten führen? Im Gegenteil, es war das, was Emmy bei einem Mann immer gesucht hatte. In ihrem Tagebuch notierte sie: „Es ist möglich, dass sich der Liebesgrad einer Frau, nur nach dem Priesterlichen im Manne richtet. Jedenfalls ist doch das Heilige im Manne die eigentliche, die ursprüngliche Sehnsucht der Frau."[13] Mit diesem Wunschbild drückte Emmy Hennings ihre lebenslange Sehnsucht nach einem Mann aus, der glaubt, asketisch-fromm lebt und ,mit dem sie beten kann'.

Durch die Suche nach letztgültigen Wahrheiten und die Hinwendung zum Glauben bekam das Leben der beiden neben ihrer Liebe ein Ziel und den lange gesuchten Lebenssinn. Der katholische Glaube wurde für das Paar die existenzielle und schöpferische Quelle, um ihr Leben in

---

12 Ball-Hennings, Emmy: Rebellen und Bekenner, in: Hugo-Ball-Almanach (16) 1992, 1–17, hier 16.
13 Ball-Hennings, Emmy: Tagebuch. 15.3.1925. (Nachlass unveröffentlicht), in: Bärbel Reetz: Emmy Ball-Hennings: Leben im Vielleicht. Eine Biographie, Frankfurt a.M. 2001, 253.

völliger Armut und Einsamkeit tapfer ertragen zu können. Im Rückblick empfand Emmy ihre Ehe als Gnade, die auf Gott beruhte.

Balls früher Tod

In ihren Erinnerungen ‚Hugo Balls Weg zu Gott‘ schrieb Emmy Hennings über die letzten Tage ihres Mannes: „Die Ärzte, wir konnten sie nicht genug herbeirufen, erwarteten stündlich das Ende. Ich hatte geweihtes Wasser von Lourdes kommen lassen, und als er Atemnot bekam, brauchte er sich nur zu bekreuzigen und ein wenig Wasser an sein Herz legen, um sogleich Linderung zu empfinden. Ich muss sagen, er war auch von diesen äußeren Dingen abhängig und trug in kindlichem Glauben an die Wunder- und Heilkraft, wohl auch als Zeichen seiner Verehrung, stets ein kleines Amulett am Hals, das die Unbefleckte Empfängnis und die selige Bernadette darstellte. So bedurfte dieser starke geistige Mensch, der sich mit den ernstesten und tiefsten Fragen des Lebens beschäftigte, bis zum letzten Augenblick gleichzeitig der allerrührendsten frommen Hilfsmittel. Sein Rosenkränzlein wollte er in den letzten Tagen kaum mehr aus den Händen lassen.“[14]

Ball starb am 14. September 1927 an Magenkrebs und wurde im Tessin auf dem Friedhof Sant’Abbondio in Gentilino beigesetzt, auf dem auch seine Frau Emmy, die 1948 starb, ihr Grab fand.

---

14 Ball-Hennings: Hugo Balls Weg, 186.

Für Emmy Hennings wurde die Ehe mit Hugo Ball, die für sie mit dem Tod innerlich nicht endete, in den mehr als zwanzig folgenden Lebensjahren zu einem zentralen Thema ihres schriftstellerischen Schaffens.

Hugo Ball und Emmy Hennings und ihre Werke sind in den letzten Jahren wiederentdeckt worden. So sind Hennings Gedichte inzwischen in einer Gesamtausgabe erschienen.[15] Von der Literaturwissenschaft wird bis heute primär die Bedeutung Balls als Mitbegründer der Dada-Bewegung und als Hesse-Biograf wahrgenommen. Sein politischer Kampf gegen Krieg und Nationalismus ebenso wie seine Entdeckungen der asketisch-mystischen Tradition des Katholizismus werden hingegen nur selten gewürdigt.

---

15 Vgl. Hennings, Emmy: Gedichte, Göttingen 2020.

Katharina Kasper

„Um diese Zeit erkannte ich, dass Gott etwas Besonderes von mir verlangte."

Unter den sechs Menschen, die Papst Franziskus am 14. Oktober 2018 heiligsprach, befand sich neben so bekannten Persönlichkeiten wie der Märtyrer-Erzbischof Oscar Romero, die weithin unbekannte Katharina Kasper, die erste Heilige aus dem Bistum Limburg.

Als eifrige Klosterbesucher verbringen meine Frau und ich oft die Ferien in Klöstern. Mitten im Rheingau lag bis vor kurzem das Kloster Tiefenthal der ‚Dernbacher Schwestern‘. Bei Aufenthalten dort habe ich über viele Jahre die Gespräche am Frühstückstisch mit dem Klostergeistlichen, einem Pallottiner, sehr genossen. Überhaupt bieten Klostergespräche, die keine Diskussionen sein wollen, immer wieder geistliche Impulse für den Alltag. Und manchmal leuchtet in solchen Gesprächen und in den Menschen etwas auf, das man selbst schon lange suchte. So entdeckte ich Katharina Kasper, die Gründerin der ‚Dernbacher Schwestern‘.

Die Gründerin der Dernbacher Schwestern ist eine von den vielen Frauen, die großen spirituellen Einfluss in der Kirche ausgeübt haben. Ich denke da an Bernadette Soubirou, Hildegard von Bingen, Edith Stein und Mutter Teresa. Im strengen Sinn kann man bei Katharina Kasper nicht von einer Konversion sprechen, sondern von der Geschichte einer radikalen Lebensentscheidung. In jeder Einzelheit ihres Alltags suchte sie, Gottes Willen zu erkennen und entsprechend zu handeln. Das befreite sie vom Zwang, ausschließlich eigenen Befindlichkeiten, Wünschen und Ideen zu folgen.

Katharina Kasper wurde am 26. Mai 1820 in Dernbach bei Limburg als siebtes Kind eines armen Kleinbauern geboren. Im Westerwald herrschte im 19. Jahrhundert aufgrund von Missernten und Hungersnöten bittere Armut. Viele Menschen wanderten aus.

Da Katharina in ihrer Kindheit und Jugend oft krank war, konnte sie nur zwei Jahre lang die Schule besuchen. Dort war für sie Religion das wichtigste Fach. Schon als junges Mädchen fühlte sie sich berufen, Armen, Kranken und Kindern zu helfen. Später erzählte sie: „Wenn ich in der Schule neben einem Kind saß, das noch ärmer war als ich und mein Brot sah, konnte ich nicht essen, wenn ich diesem nicht zuerst gab."[1] Sie sammelte Kinder um sich, um ihnen den Rosenkranz beizubringen und begann, Kranke zu besuchen, Kinder zu betreuen und mit ihnen zu beten.

Nach Ende ihrer Schulzeit arbeitete Katharina zu Hause und in der Landwirtschaft und trug so zum Lebensunterhalt der Familie bei. Oft ging sie in die Kirchen der Nach-

---

1   Zit. in Hess, Christeta: Leben und Werk von Mutter Maria Katharina Kasper, in: Lebensspuren Hoffnungszeichen. Zum 100. Todestag von Katharina Kasper, Dernbach 1998, 8–36, hier 2.

bardörfer zur Beichte und zur Heiligen Messe, worüber ihre Mutter nur den Kopf schüttelte. Eines Tages entsetzte Katharina sie mit den Worten: „Wäre ich nur verrückt! – Hielten mich alle Leute für verrückt!"[2] Sie tat, was viele für verrückt hielten: Sie fragte immer wieder nach dem Willen Gottes und folgte dem, was sie als Ruf Gottes erkannt hatte.

Katharinas Berufung

1842 starb Katharinas Vater und das Elternhaus wurde versteigert. Sie verdiente nun als Tagelöhnerin in der Landwirtschaft und als Wäscherin den Lebensunterhalt für sich selbst, ihre Mutter und die beiden Brüder. Beim Wegebau im Dorf, zu dem sie verpflichtet wurde, hatte sie eine Vision: Sie sah eine große Schar Schwestern, die an ihr vorbeizogen und die alle gekleidet waren wie später der von ihr gegründete Orden der ‚Armen Dienstmägde Jesu Christi'.

Im Rückblick schrieb sie: „Um diese Zeit erkannte ich, dass Gott etwas Besonderes von mir verlangte und dass ich die Armen und Kranken pflegen sollte."[3] Katharina wollte sich in besonderer Weise Gott zur Verfügung stellen. Mit 22 Jahren gründete sie daher mit jungen Mädchen aus ihrer Umgebung einen ‚frommen Verein', in dem sie sich mit ganzer Kraft der Nächstenliebe widmen wollten. In der ersten Ordensregel, die Katharina 1843 verfasste, erklärte sie das Ziel der Gemeinschaft mit den Worten: „Der Zweck unseres Vereins ist die Ausbreitung

---

2   Kasper, Franz: Predigt zum 2. Februar 1998 im Dom zu Limburg, in: Lebensspuren Hoffnungszeichen. Zum 100. Todestag von Katharina Kasper, Dernbach 1998, 123–130, hier 126.
3   Zit. in Hess: Leben und Werk von Mutter Maria Katharina Kasper, 2.

der Tugend durch Beispiel, Belehrung und Gebet."[4] Mit Tugend meinte sie: Leben nach dem Evangelium.

Die Frauen trafen sich zum regelmäßigen Gebet und widmeten sich der häuslichen Pflege von Kranken und Alten sowie der Kinderbetreuung, wohnten aber nicht zusammen. Sie wollten ein ‚Ordensleben in der Welt' führen – eine Idee, die im 20. Jahrhundert von anderen Ordensgemeinschaften aufgegriffen wurde. An eine Klostergründung dachte Katharina zunächst nicht.

Auf dem Weg zur Ordensgründung

1846 suchte Katharina Kontakt mit dem zuständigen Limburger Bischof Peter Blum, dem sie über ihren Verein berichtete. 1847 plante sie den Bau eines kleinen Hauses, um gemeinschaftlich – aber nicht hinter Klostermauern – mit den anderen Frauen leben zu können. Dabei war sie fast völlig mittellos. Sie betete viel und ließ für dieses Anliegen beten. Ihr Gebet in diesen Tagen lautete oft: „Siehe, lieber Gott, jetzt hast du Geld nötig für dein Haus; nun kannst du auch dafür sorgen; sage mir, wohin ich gehen und für dich leihen soll; die Zahlung der Zinsen musst du aber auch übernehmen."[5]

Ab 1849 zogen die ersten Frauen in das kleine Haus der Gemeinschaft, das aus nur drei Zimmerchen bestand. Im Frühjahr 1849 kam Bischof Blum auf einer Firmreise nach Wirges, einem Nachbarort Dernbachs. Dabei stattete er auch Katharinas Häuschen einen Besuch ab. Bei der an-

---

4 Ebd.
5 Zit. in Becker, Arntrudis: Mutter Maria Katharina Kasper. Ihre Lebensgeschichte und Spiritualität, in: Lebensspuren Hoffnungszeichen. Zum 100. Todestag von Katharina Kasper, Dernbach 1998, 58–63, hier 61.

schließenden Predigt sagte Bischof Blum: „Wenn Gott Wohlgefallen an dem kleinen unscheinbaren Werk hat, so kann mit der Zeit noch ein Kloster daraus werden."[6]

Ein seltsamer Ordensname

Bei der Ausarbeitung der Regeln für ihren ‚frommen Verein' Anfang 1850 kam die Frage auf, welchen Namen die Gemeinschaft erhalten sollte. Der Bischof hätte sie gerne nach der heiligen Elisabeth benannt, doch Katharina bat den Bischof, ihrem Verein den Namen „Arme Dienstmägde Jesu Christi" zu geben. Dieser ungewöhnliche Name ist ihr im Gebet deutlich geworden, angeregt durch Marias Antwort auf den Engel Gabriel (Lk 1,38): „Siehe ich bin die Magd des Herrn." Diese Worte wurden für sie eine Lebenseinstellung. Die Betonung der Armut im Ordensnamen verweist nicht nur auf materielle Bedürftigkeit, sondern auf die spirituelle Grundhaltung, ganz auf Gott angewiesen zu sein.

Drei Jahre nach dem Einzug in das Dernbacher Häuschen, am 15. August 1851, gelobten fünf Frauen, dass sie arm, ehelos und gehorsam leben wollten. Katharina nahm den Ordensnamen Maria an und wurde erste Leiterin der kleinen Frauengemeinschaft. Im Unterschied zu vielen anderen Frauengemeinschaften ging es der Ordensgründerin nicht in erster Linie um Krankenpflege, Bildung und Kindererziehung. In den verschiedenen Satzungen ihrer Kongregation wurde stattdessen als Ziel die Vertiefung des religiösen Lebens der Mitmenschen genannt.

---

6   Zit. in Becker: Mutter Maria Katharina Kasper, 62.

Die Entwicklung der Gemeinschaft

Rasch fand die Gemeinschaft beträchtlichen Zulauf und weitete ihre Arbeitsfelder aus. 1854 wurde eine erste Filiale gegründet, wobei die Schwestern in der Krankenpflege, im Kindergarten, in Nähschulen und der Armenbetreuung tätig waren. Kasper entwickelte keine Strategien, um die Not zu lindern, sondern reagierte auf Hilferufe aus der Landbevölkerung. Sie entsandte Schwestern zur ambulanten Krankenpflege vor Ort, um Nähschulen einzurichten und die notleidenden Kinder zu versorgen und zu unterrichten. Die Vielgestaltigkeit der Dienste zeigt eindeutig Katharinas aufmerksamen Blick auf die Not der Menschen.

Es folgten Gründungen in den Niederlanden und in Nordamerika, England, Belgien, Böhmen und Luxemburg. 1860 zählte die Gemeinschaft bereits 232 Schwestern. 1870 wurde die Kongregation, die nach dem Gründungsort als ‚Dernbacher Schwestern' Bekanntheit erlangte, vom Vatikan endgültig anerkannt. Im Kulturkampf ab 1873 verbot der Staat jede Erziehungs- und Bildungsarbeit, sodass viele Schwestern ins Ausland gehen mussten.

Die Ausrichtung der „Armen Dienstmägde"

Für Katharina hatte zunächst das religiöse und geistliche Leben der Schwestern Vorrang vor praktischen Tätigkeiten, obwohl sie letztlich eine karitativ tätige und missionarische Gemeinschaft gründete. Eine ihrer Kernaussagen lautete: „Der Zweck unserer Gemeinschaft ist die Ausbreitung des Glaubens durch Beispiel, Belehrung und Gebet."[7] Es genügte ihr nicht, die rein menschlichen Be-

---

7 Zit. in Weber, Simone: Ich will nur, was Gott will, in: Lebensspuren Hoffnungszeichen. Zum 100. Todestag von Katharina Kasper, Dernbach 1998, 51–52, hier 51.

dürfnisse ihrer Mitmenschen zu stillen. Mehr noch ging es ihr darum, ihnen geistlich beizustehen und Gottes Güte, Barmherzigkeit und Menschenfreundlichkeit in der Welt erfahrbar zu machen.

„Es gibt keine niedrigen Arbeiten, niedrig sind sie nur, wenn man sie in niedriger Gesinnung verrichtet."[8] Sie verstand ihren Dienst an den Menschen als Gottesdienst. Dabei lebte sie in dem Bewusstsein, ganz und gar auf die Hilfe Gottes angewiesen zu sein.

In der Gründerzeit sagte sie einmal zu einer Schwester, die beim Verteilen der Suppe Angst hatte, dass die Schwestern nicht mehr genug zu essen hätten: „Aber Kind, das gehört doch alles den Armen."[9] Sie lebte den Wahlspruch: Lass uns das Problem anpacken. Und wenn es dann funktionierte, was sie sich vorgenommen hatte, dankte sie Gott dafür. Andererseits pflegte Katharina Kasper zu sagen, was man nicht ändern könne, müsse man ruhig gehen lassen; Gott habe seine Zeit, man dürfe ihm nicht vorarbeiten wollen, sondern müsse warten, bis seine Stunde gekommen ist.

Katharina vermied es, sich und ihre Schwestern auf bestimmte Dienste festzulegen. Sie wollte ein Werkzeug in der Hand Gottes sein: „Ich bin deine Dienstmagd, mir geschehe nach Deinem heiligen Willen."[10] Auch heute noch richten sich die Arbeitsfelder der Dernbacher Schwestern nach den örtlichen und gesellschaftlichen Gegebenheiten. In Indien sorgen sie für Leprakranke, in Afrika für Straßenkinder und in anderen Ländern kümmern sie sich um Aidskranke, Obdachlose und Ausgegrenzte.

---

8   Zit. in Frevel, Bernadine: Maria Katharina Kasper – ein Leitbild für heute, in: Lebensspuren Hoffnungszeichen. Zum 100. Todestag von Katharina Kasper, Dernbach 1998, 44–50, hier 48.
9   Zit. in Frevel: Maria Katharina Kasper – ein Leitbild für heute, 47.
10 Zit. in Weber: Ich will nur, was Gott will, 51.

Eine typische Ordensgründerin des 19. Jahrhunderts?

Eine Schwesterngemeinschaft zu gründen, war im 19. Jahrhundert nichts Besonderes. Als Antwort auf das soziale Elend in Deutschland entstanden damals viele Kongregationen in der katholischen Kirche. Was ist das Besondere an Katharina Kasper im Unterschied zu anderen Ordensgründerinnen ihrer Zeit? Bestimmend für Katharina war, dass sie mitten im Alltag ihr Handeln darauf ausrichtete, den Willen Gottes zu erkennen und zu erfüllen.

Die Dernbacher Schwester Gottfriedis Amend, die sich seit mehr als zwei Jahrzehnten intensiv mit der Ordensgründerin befasst, schreibt:

„Katharina ging es nicht nur um den Menschen in seiner Diesseitigkeit. Zwar engagierte sie sich im großen Maße, um der Armut, der Unwissenheit, der Ungerechtigkeit entgegenzuarbeiten. [...] Immer aber dachte sie ganzheitlich, bedachte, dass der Mensch unterwegs ist auf dieser Erde zu seinem eigentlichen Ziel. [...] Getragen wurde sie von dem Bewusstsein, nichts aus sich selbst zu haben oder zu können, sondern alles empfand sie als Geschenk Gottes. Das gab ihr eine große innere Freiheit, die es ihr, der Frau mit geringer Schulbildung, möglich machte, unbefangen allen zu begegnen, mit denen sie in Beziehung kam: Bischöfen, Adligen, Amtspersonen und einfachen Leuten. Diese Freiheit vertiefte sich durch Katharinas totale Ausrichtung auf das, was Gott von ihr wollte. Nicht ihr Wille war maßgeblich für das, was sie anstrebte und verwirklichte, sondern in jeder Einzelheit ihres Alltags ging es ihr darum, Gottes Willen zu erkennen und entsprechend zu handeln. Das befreite sie von dem Zwang, eigenen Befindlichkeiten, Wünschen und Ideen anzuhaften, und schenkte ihr eine innere Unabhängigkeit, die ungeahnte Kräfte in ihr freisetzte."[11]

Katharina wusste zu beten, das Gebet war die Quelle ihrer Freude und Kraft. Sie lebte im und aus dem Gebet in lebendiger Beziehung zu Gott. „Solange wir fromm beten, geht alles gut. Wenn wir aber das Gebet vernachlässigen, dann geht es mit großen Schritten abwärts"[12], beschrieb Katharina ihre Erfahrung.

Die Ausbreitung des Ordens

Katharina Kasper starb am 2. Februar 1898. Am 28. Januar war sie nach einer Erkältung an einer Lungenentzündung erkrankt und erlitt am 1. Februar einen Schlaganfall. Sie ahnte ihren Sterbetag an Lichtmess voraus und starb ohne Todeskampf in den frühen Morgenstunden im Alter von 77 Jahren, nachdem sie 47 Jahre an der Spitze ihrer Kongregation gestanden hatte. Zu diesem Zeitpunkt zählte die Gemeinschaft 1.725 Mitglieder in 193 Niederlassungen. 550 Dernbacher Schwestern sind heute noch in 87 Niederlassungen weltweit im Einsatz. In Deutschland, den Niederlanden, USA, Mexiko, Brasilien, Kenia, Nigeria und Indien kümmern sie sich um Straßenkinder, Aidskranke, Obdachlose und Ausgegrenzte, ohne auf Geschlecht, Religion und Ansehen zu achten.

---

11 Amend, Gottfriedis: Katharina Kasper ist eine Heilige für die heutige Zeit: Warum die Ordensfrau so bedeutsam ist, in: Rhein-Zeitung vom 25.3.2018.
12 Zit. in Pitzl, Petrizia: Vom Geist bewegt – Katharina Kasper, in: Lebensspuren Hoffnungszeichen. Zum 100. Todestag von Katharina Kasper, Dernbach 1998, 147–150, hier 148.

Eine Heilige für heute?

Bei der Seligsprechung Katharinas sagte Papst Paul VI., dass von Katharina Kasper keine großartigen Eigenschaften und außergewöhnlichen Taten berichtet werden.[13] Hier unterschätzte der Papst die neue Heilige. Katharina Kasper war eine emanzipierte und erfolgreiche Frau, die ein beachtliches Werk hinterließ, auch wenn Erfolg im eigentlichen Sinne weder ihr Bestreben noch das Motiv ihres Handelns war.

Als lebenspraktischer Mensch stand sie mit beiden Beinen im Leben. Bei einem Besuch in einer Filiale fiel ihr eine Schwester auf, die das Leben schwernahm und Freude und Lachen vergessen hatte. Katharina gefiel das nicht und sie animierte die Schwester, in ihrer Erholungszeit zu singen und zu tanzen.

Katharina Kasper besaß als Leiterin ausgeprägte Führungsqualitäten und verfolgte dabei konsequent das als Gottes Wille erkannte Ziel: der Notlage so vieler armer und verlassener Menschen zu begegnen und sie für Christus zu gewinnen. Dabei entwickelte sie ein ungewöhnlich großes Durchhaltevermögen in schwierigen Situationen. Darüber hinaus war sie flexibel genug, um Neues zu wagen, wenn sich Situationen änderten. Ihr Führungsstil zeichnete sich dadurch aus, dass sie delegieren und Hilfe annehmen konnte. Sie entwickelte – modern ausgedrückt – unternehmerische Qualitäten und Managementfähigkeiten, was sie für Manager, Geschäftsführer und Unternehmensinhaber als Vorbild interessant macht.

---

13 Vgl. Papst Paul VI.: Seligsprechung von Maria Katharina Kasper. Predigt des Hl. Vaters Paul VI. am 16.4.1978, https://w2.vatican.va/content/paul-vi/de/homilies/1978/documents/hf_p-vi_hom_19780416.html (Stand: 14.5.2023).

Zur Heiligen wurde sie jedoch nicht aufgrund ihrer erfolgreichen Führungsqualitäten und Managementtechniken. „Was Katharina für Menschen des 21. Jahrhunderts bedeutsam macht, sind viele einzelne Züge ihres religiösen Lebens, die heutigen Menschen helfen können, einen Standpunkt zu gewinnen. Sie ist tolerant, kennt keine religiöse oder konfessionelle Einengung – hält aber mit Überzeugung an ihrem katholischen Glauben fest und ist stolz darauf, katholisch zu sein; sie tut alles, der Bedürftigkeit anderer abzuhelfen und ist selbst bedürfnislos; sie geht mit Offenheit auf jeden zu, da für sie jeder Mensch ein Kind Gottes ist, verliert sich aber nicht im Vielerlei des Alltags; sie ist ein betender Mensch und zugleich äußerst aktiv; sie anerkennt ihre menschliche Begrenztheit und ist sich gleichzeitig ihrer Würde als Mensch und Geschöpf Gottes bewusst; sie ist mit allem ausgestattet, was sie zur Leitung einer ständig wachsenden Gemeinschaft braucht, und daneben teamfähig und in der Lage, Hilfe und Rat anzunehmen; sie ist naturverbunden und daher ehrfürchtig im Umgang mit der Schöpfung."[14]

Am 6. März 2018 erkannte Papst Franziskus ein ihrer Fürsprache zugeschriebenes Wunder an: Ein indischer Ordensbruder wurde im November 2011 nach einem Autounfall für klinisch tot erklärt. Während des Totengebets bemerkten anwesende Dernbacher Schwestern, dass er die Augen öffnete und schloss. Trotz mehrfacher Knochenbrüche und innerer Verletzungen wurde der Bruder gesund. Zuvor hatten die Schwestern eine Novene zur Ordensgründerin gebetet. Mit der Heiligsprechung darf Katharina Kasper in der gesamten Weltkirche verehrt werden, ihr liturgischer Gedenktag ist der 1. Februar.

---

14 Amend, Katharina Kasper ist eine Heilige für die heutige Zeit.

Karin Struck

„Niemals aber will ich beruhigt sein!"[1]

---

1 Die Zeilen finden sich auf dem Grabstein von Karin Struck.

*Die NDR-Talkshow am 3. Juli 1992 zum
Thema Abtreibung ging in die Fernseh-
geschichte ein: Zu sehen war ein heftiger
verbaler Schlagabtausch zwischen der Schriftstellerin Karin Struck und Angela Merkel,
der damaligen Bundesministerin für Frauen
und Jugend. Im Verlauf der Diskussion
stand Karin Struck wütend auf, entledigte
sich des Mikrofonsenders und warf ein
Weinglas hinter sich um. So etwas hatte es
im deutschen Fernsehen noch nicht gegeben.
Karin Struck war mir lange Zeit nur als
Bestsellerautorin der 68er-Generation bekannt. Ihre Themen Feminismus, Friedensbewegung und Ökologie interessierten mich
nur am Rande und ihre Art, radikal subjektiv
zu schreiben und private Empfindungen
zum Seismografen der Gesellschaft zu machen,
stießen mich ab. Was mich aufhorchen ließ,
waren Mitte der 1980er-Jahre Berichte, dass
Struck sich öffentlich und lautstark gegen Abtreibung engagierte und deshalb ihre Bücher
immer öfter abgelehnt wurde; dass sie als
rechtsradikal beschimpft und schließlich in
den Medien totgeschwiegen wurde.
Ich beschäftigte mich intensiver mit Karin
Struck und erfur, dass sie durch die Auseinandersetzung mit den Folgen einer Abtreibung
zum Glauben fand. Der Glaube gab ihr die
Kraft, den Alltag als alleinerziehende Mutter
und den langen Leidensweg aufgrund ihrer
Krankheit durchzustehen.*

„Ich bin auf der Suche nach Heimat, [...] einmal will ich leben in fruchtbarer Geborgenheit."[2] Karin Strucks ganzes Leben und ihre Werke waren geprägt von der Suche nach Heimat, dem Kampf gegen die Einsamkeit einer Entwurzelten und der Unmöglichkeit der Liebe. Die Schriftstellerin wurde am 14. Mai 1947 im mecklenburgischen Schlagtow geboren. Sie entstammte einer Bauernfamilie, die 1954 nach der Kollektivierung der Landwirtschaft in der DDR in den Westen floh. Die Familie wurde in der Nähe von Bielefeld sesshaft. Durch die Unterstützung eines Lehrers konnte Struck das Gymnasium besuchen und legte 1966 in Bielefeld ihr Abitur ab.

Bereits mit 17 wollte sie Schriftstellerin werden und begann später das Studium der Germanistik, Psychologie und Romanistik. Während ihrer Universitätszeit wurde sie Mitglied im Sozialistischen Deutschen Studentenbund (SDS) und der Deutschen Kommunistischen Partei (DKP) und engagierte sich in der Friedensbewegung. Auch hier suchte sie Heimat. Aus der DKP trat sie allerdings aus Protest gegen die Behandlung des Dissidenten Alexander Solschenizyn durch die russische Regierung wieder aus. Bevor sie 1973 als freie Schriftstellerin lebte, arbeitete sie als Au-pair-Mädchen sowie in Fabriken und Büros. Karin Struck probierte vieles aus: sexuell, mit Drogen und in Beziehungen.

Bestseller-Autorin und Feministin

Statt eine begonnene Dissertation abzuschließen, schrieb sie 1973 von dem dafür vorgesehenen Stipendium ihren ersten Roman ‚Klassenliebe'. Dieser Roman wurde rasch

---

2   Struck, Karin: Die Mutter, Frankfurt 1975, 18.

zum Bestseller und erreichte in nur zehn Monaten eine Auflage von 54.000 Exemplaren.

Das Buch, welches das Leben und Denken der 68er-Generation widerspiegelt, war eine Auseinandersetzung mit der eigenen Herkunft und schildert den schwierigen Aufstieg eines Bauernkindes in intellektuelle Kreise.

Zu schreiben bedeutete für sie nach Heimat zu suchen. Sie schrieb leidenschaftlich subjektiv und radikal ehrlich und breitete ihre Gefühle sowie inneren Krisen fast exhibitionistisch aus.

„Karin Struck hat in all ihren Büchern ganz nah am Leben geschrieben. Über das Schreiben zunächst für sich selbst, auch über sich selbst und das selbst Erlebte, diese authentische Schreibweise, ist Karin Struck zunehmend zu einem Schreiben für andere gelangt. Indem sie sich selbst schutzlos, hüllenlos in ihren Ängsten, Verletzungen und Hoffnungen preisgab, wurde sie auch zu einer Identifikationsfigur einer tief verunsicherten, suchenden, alles in Frage stellenden Generation. Die Bloßlegung und selbstkritische Analyse ihrer eigenen Ambivalenzen war zugleich Ausdruck einer Um- und Aufbruchsstimmung in Ökologie, Frauenemanzipation und Friedensbewegung.“[3]

Die linke Szene, Feministinnen und bürgerlich-liberale Rezensenten lobten ihr Buch in höchsten Tönen. Die rothaarige, schöne junge Frau wurde zur literarischen Stilrichtung der ‚neuen Subjektivität‘ gezählt. „Es war ein zentrales Anliegen der Schriftstellerin, über Selbstfindung und Selbstverwirklichung zumeist weiblicher Personen zu schreiben, das sie mit politischen gesellschaftlichen und sozialen Fragen verband. Dabei waren viele ihrer Stücke autobiografisch gefärbt. Ihren Schreib-

---

3   Scheidgen, Ilka: Kein Schreiben ohne Auslotung des Schmerzes, in: dies., Verrückt genug an ein Paradies zu glauben, München 2002, 71–83, hier 75f.

stil realisierte sie dabei in tagebuchartiger Form. Weiterhin war ihre Ausdrucksform geprägt von Subjektivität und Distanzlosigkeit."[4]

Ihre weiteren Romane ‚Die Mutter' (1975) und ‚Lieben' (1977) handelten von Mutterschaft und Sexualität, Liebe, Tod und Schwangerschaftsabbruch. Aber im Gegensatz zu Feministinnen wie Alice Schwarzer und Simone de Beauvoir vertrat sie keine ablehnende Haltung gegenüber der Mutterschaft, sondern betrachtete sie als großes Glück.

Als ‚linke' und ‚feministische' Schriftstellerin war sie eine Leitfigur in der Ökologie-, Friedens- und Frauenbewegung. Sie wurde viel besprochen und ihre Lesungen waren oft überfüllt.

In den Achtzigerjahren folgten zahlreiche Veröffentlichungen, hunderte Lesungen, literarische Preise und Beiträge im Rundfunk. ‚Spiegel' und ‚Stern' drängten sie, Artikel zu schreiben und in der Zeitschrift ‚Jasmin' erschienen Nacktfotos von ihr. Sie war ‚in', Martin Walser und Heinrich Böll verfassten lobende Rezensionen. Struck erhielt zahlreiche Literaturpreise. Insgesamt veröffentlichte Karin Struck 13 Romane, einen Erzählband und ein Sachbuch.

Ein unstetes Leben

Karin Struck führte ein bewegtes, wildes Leben: Ihre erste Ehe wurde 1973 geschieden, von 1977 bis 1981 war sie ein zweites Mal verheiratet. Sie hatte vier Kinder von vier verschiedenen Männern. Sie führte ein unstetes Nomadenleben, immer auf der Suche nach menschlicher Nähe und Beheimatung: Zu Beginn der 1970er-Jahre wohnte sie

---

4 Karin Struck – Biografie WHO'S WHO, http://www.whoswho.de/bio/karin-struck.html (Stand: 15.5. 2023).

im Taunus, dann in verschiedenen Städten wie Münster, Billerbeck, Hamburg, Gütersloh und schließlich ab 1998 in München.

„Eine Abtreibung Mitte der 1970er-Jahre begann sie innerlich zu verändern. Abtreibung und das Trauma danach werden immer wieder Themen in ihren Romanen. In ihren Schriften fühlt man, wie sie permanent die passende Sprache sucht, diese Tragödie zu begreifen und darzustellen. Sie versteht sich gleichzeitig als Täterin und als Opfer, Opfer einer ‚Abtreibungsgesellschaft‘, die sie zur Tötung ihres eigenen Kindes verführt hat. So wird sie zur rabiaten Abtreibungsgegnerin.“[5]

Lebensthema Abtreibung

Das Thema Abtreibung wurde zu ihrem Lebensthema. So übertrug sie im Roman ‚Blaubarts Schatten‘ (1991) das Märchenmotiv vom Ritter Blaubart auf das Thema Schwangerschaftsabbruch. In ihrer Streitschrift ‚Ich sehe mein Kind im Traum. Plädoyer gegen die Abtreibung‘ (1992) plädierte sie für das Lebensrecht ungeborener Kinder und beschrieb die seelischen Leiden nach ihrem Schwangerschaftsabbruch.

1994 erlitt sie mit ihrem sechsjährigen Sohn Immanuel einen schweren Autounfall, der für sie traumatische Folgen hatte. Sie entwickelte eine langanhaltende Schreibhemmung, die sie ins finanzielle Chaos stürzte. Hochverschuldet lebte sie von der Unterstützung einer Schriftsteller-Kollegin. Um als alleinerziehende Mutter zu überleben, arbeitete sie als Gastdozentin, Drehbuchauto-

---

5   Gersdorff, Mathias von: Karin Struck oder wie man die Tragödie unserer Zeit in Worte fasst (13.5.2012), https://www.aktion-kig.eu/2012/05/am-14-mai-2012-ware-karin-struck-65/ (Stand: 15.5.2023).

rin, Schauspielerin, Regisseurin und Leiterin von Workshops.

Seit sie sich öffentlich und lautstark gegen Schwangerschaftsabbruch engagierte, wurden ihre Bücher immer wütender kritisiert und abgelehnt, sie wurde als rechtsradikal beschimpft und schließlich in den Medien totgeschwiegen. Sie kam sich vor wie in einem Tunnel, ,wo sie nur noch das eigene Echo hörte,' wie sie schrieb. Schließlich fand sie für ihre Manuskripte kaum noch einen Verlag. Als sich alle von ihr abwandten, musste sie als Angestellte in einer Klinik sowie als Köchin, Erzieherin und Hauswirtschafterin ihr Geld verdienen. Weil sie oft nur aus dem Bauch heraus reagierte, sich aggressiv und sehr emotional verhielt, machte es Karin Struck auch ihren Freunden nicht leicht. „Karin Struck war unbequem und als Mensch nicht immer einfach, eine ewige Rebellin, die sich immer engagierte, oft zwischen die Stühle stellte, auch dann, wenn sie gegen Windmühlenflügel kämpfte. Das war ihre Größe und ihre Tragik – im Leben wie im Werk wie im Glauben."[6]

Die Konversion

1996 konvertierte Karin Struck zum katholischen Glauben. Ihre Bekehrung von der ,evangelischen Atheistin' und dem Aushängeschild der linken Szene zur überzeugten Katholikin, die zudem das Tabu Abtreibung zum Thema machte, erregte viel Aufsehen. Wie ist es zu diesem Schritt gekommen? Einer Freundin ist eine Aussage Karin Strucks im Gedächtnis geblieben: Sie sei verrückt nach Wahrheit.

---

6 Struck, Ines Sarah: Die Schriftstellerin Karin Struck ist tot, in: Kultura extra. Das online-magazin (7.2.2006), https://www.kultura-extra.de/extra/feull/karin_struck_gestorben_2006.php (Stand: 14.05.2023).

Kurz vor ihrem Tod erinnert sie sich in einem Video-interview an ihre religiösen Wurzeln:

„Eigentlich finde ich es heute erstaunlich, dass meine atheistische Phase so lange gedauert hat. [...] Im Kern war Gott immer schon da. [...] Es hat mit meiner Groß-mutter zu tun. [...] Die war evangelisch und rührend gläubig, die habe ich sehr geliebt. Sie hat immer Bibel-sprüche an die Wand gehängt und war gläubig wie ein Kind. Durch sie habe ich Gott kennengelernt. Ich habe dann zwei katholische Männer geheiratet, [...] die nicht mehr so praktizierend waren. Durch den ersten Mann bin ich zum ersten Mal in eine katholische Kirche gegangen. Ich werde es nie vergessen, es war für mich so mystisch. Ich war ja durch und durch evangelisch, protestantisch, lutherisch. [...] Meine Konversion hatte auch mit Krank-heit und Leiden zu tun. Ich habe mir das nicht ausgesucht in dem Sinne. Ich habe mit meinem jüngsten Sohn [...] einen schweren Autounfall gehabt [...]. Ich fand mich plötzlich nachts im Bett liegend wieder und flehte die Gottesmutter an, als Protestantin: ‚Bitte rette das Bein von meinem Kind‘.“[7]

Sie war lange Zeit auf der Suche. In einem Gespräch mit dem Tübinger Theologen Karl Josef Kuschel im Jahr 1983[8] hat sie von einer Sehnsucht nach einem tragenden Grund im Leben gesprochen. 1984 bezeichnete sie sich als ‚Pantheistin‘, als „ein Mensch, der in der Natur, in den Dingen, in allem Gewachsenen oder Gewordenen zumin-dest eine kosmische Kraft mit beteiligt sieht“[9]. Zugleich

---

7 Struck, Karin: Glaube und Krankheit in Not, https://gloria.tv/post/Kbn1jwEeUhn-h476bwrYu8a9yC, 13:58–16:49 (Stand: 14.5.2023). Die Zitate sind aus dem Video transkribiert und bei Bedarf sprachlich angepasst worden.
8 Vgl. Kuschel, Karl Josef: Karin Struck, in: Publik-Forum vom 3.6.1983.
9 Zit. in Die Nacktheit ist Phantasie. Interview, in: Manfred Jurgensen: Karin Struck. Eine Einführung, Bern 1985, 29–58, hier 57.

bedauerte sie, dass sich durch das Fehlen einer religiösen Dimension eine Leere und wüste Stelle auftue.

Als sie 1985 nach einem Interview mit Alberto Moravia zufällig eine katholische Messe miterlebte, war sie vom Ausdrucksreichtum der katholischen Liturgie sehr beeindruckt.

In ihrem Sachbuch ‚Traum' beschrieb Karin Struck deutlicher, wohin sie sich entwickelt hatte, was für sie wesentlich geworden ist: „‚Lange habe ich mich gescheut, von Gott zu reden. Mehr als ein Jahrzehnt wagte ich mir diese Frage nicht zu stellen. Es gehörte zur Selbstzensur ... Ich möchte ein Plädoyer für Gott halten ... Meine These ist, dass dort, wo sie gar nicht mehr gestellt wird, geschweige denn beantwortet werden darf, ein Vakuum entsteht, bzw. schon entstanden ist.' Dieses Vakuum, diese Leere hatte Karin Struck schon viel früher erkannt".[10]

In der evangelischen Kirche fühlte sie sich schon länger nicht mehr zu Hause. Fragte man Struck nach den Gründen für ihren Eintritt in die katholische Kirche, antwortete sie: „Hauptsächlich die Ehrfurcht vor Gott schien mir bei den evangelischen Gemeinden, die ich kennengelernt hatte [...], abhanden gekommen zu sein. Manche Gottesdienste waren für mich mehr Menschendienste. Da habe ich mich einfach völlig verhungert gefühlt. [...] Ja, das war der Hauptgrund, dass ich konvertiert bin – dieses Ausgehungert sein."[11]

Struck zögerte zunächst, in die katholische Kirche einzutreten, war sie doch geprägt vom linken Dogma, Religion sei ‚Opium für das Volk'. 1996, im Jahr ihrer Konversion, antwortete sie auf die Frage, was sie zur

---

10 Scheidgen: Kein Schreiben ohne Auslotung des Schmerzes, 79.
11 Ebd., 81.

überzeugten Katholikin gemacht habe: „Gerade durch mein Engagement gegen die Abtreibung, habe ich erfahren, dass die evangelische Kirche keinen Glaubenshalt mehr bietet. Und ich muss sagen: Ich habe selten so viel Hilfsbereitschaft kennengelernt, wie von Katholiken. Diese Vorbilder waren für mich der letzte Auslöser. Ich kann noch so eine tolle Menschheitsideologie haben, die ganze Welt befreien wollen, aber es kann mir durchaus passieren, dass ich den einzelnen Menschen vergesse. [...] Das Problem ist die Glaubenspraxis. Die kann mir nur vermittelt werden durch die Kirche. Ich brauche eine Kirche, die diese Glaubenspraxis für mich unabhängig von politischen Wirren und Zeitströmungen vermittelt. Das ist bei der evangelischen Kirche nicht mehr gegeben.“[12]

Leiden und Glauben

Auf ihrer Suche nach einem tragenden Grund für ihr Leben, wurde der Glaube für sie zur Heimat und zum Halt. Bereits vor der Krebsdiagnose 2002 musste sie, bereits körperlich geschwächt, um den Lebensunterhalt kämpfen:

„Ich habe vor meiner Erkrankung zwei Jahre als Haushälterin arbeiten müssen, [...] um mich und meine zwei schulpflichtigen Kinder durchzubringen, weil ich eben als Schriftstellerin abgeschrieben war. [...] Es war eine Katastrophe. Ich bin staatlich anerkannte Hauswirtschafterin. [...] Meine Kräfte waren damals schon so minimal. [...] Da hat mir auch oft der Glaube geholfen, ... als ich die niedrigsten Arbeiten machen musste, vom Klo putzen bis zum Kochen. [...] Ich habe da oft gedacht: Für Jesus ist

---

12 Teplan, Stefan: Die Wandlung der Karin Struck, in: *Magazin Weltbild (11) 1996*.

das ja keine niedrige Arbeit. [...] Was ich mit meinem Leben angefangen habe, ist entscheidend. [...] Diese Arbeit war furchtbar anstrengend und hat mir den Rest gegeben. Da hat mir auch Jesus oft geholfen, dass ich mir gesagt habe: Das mache ich für dich diese niedrige Arbeit, Jesus. Aber am Schluss habe ich dann schlapp gemacht."[13]

Der Glaube gab ihr die Kraft, den Alltag als alleinerziehende Mutter und den langen Leidensweg ihrer Krankheit durchzustehen. Karin Strucks Umgang mit ihrer Krankheit erinnert an den aufbegehrenden Hiob. Wie er haderte sie mit ihrem Schicksal, aber fand sich nicht ab mit Krankheit und Leid. Sie hielt wie Hiob daran fest, dass Gott es gut mit ihr, seinem Geschöpf, meinen muss und dass das Leiden zur Gottesbegegnung werden kann. Das Leid führt nicht von Gott weg. Sie kehrte den Spruch Georg Büchners, das Leiden sei der Fels des Atheismus, um. Für sie wurde Leiden zum Fels des Glaubens. In einem bewegenden Interview auf ‚Youtube‘, das die vom Tod gezeichnete Karin Struck zeigt, sagte sie:

„Die Krebsdiagnose war der schlimmste Schock meines Lebens. Zunächst erschien es mir wirklich wie eine Strafe: Ich fragte Gott, was habe ich verbrochen. Im Laufe dieser zwei Jahre, hat sich das gewandelt. Mir war instinktiv immer deutlicher und klarer, dass das eine Prüfung ist einerseits, diese Krankheit. Aber andererseits [...] auch eine Gnade. Weil ich mich auch so verändert habe und so Gott in einer Weise nähergekommen bin, wie es vorher nicht der Fall war. Ich drücke das manchmal in schlimmen Nächten so aus, dass ich sage: ‚Jesus, ich berühre dein Gewand.‘ Dass ich einfach so nah an Gott, an Jesus, bin. [...] Denn sonst würde man wahnsinnig und

---

13 Struck: Glaube und Krankheit, 37:10–39:11.

furchtbar abstürzen. [...] Wenn man bei Gott bleibt und das als Geschehnis ansieht, so eine schwere Krankheit, die mit Gott zu tun hat, dann passieren da ganz eigenartige und wundersame Dinge."[14]

Vorbild Papst Johannes Paul II.

Während ihrer Krankheit, die ihr immer mehr die Kräfte raubte, setzte sie sich mit der Bedeutung der Kirche in Bezug auf das Leiden auseinander: „Einer der Hauptgründe, [...] innerlich, dass ich katholisch geworden bin, war und ist, [...] dass ich zunehmend spürte [...], dass mir zunehmend klar wurde: Die katholische Kirche ist die einzige Instanz, die das Leiden nicht wegerklärt."[15]

Karin Struck war beeindruckt vom schwerkranken Papst Johannes Paul II. und seinem Umgang mit dem Leiden. Aus seinem Vorbild schöpfte sie Hoffnung und Kraft: „Ich jedenfalls bekenne hier [...], der hinfällige, doch zugleich so kraftvolle Papst ist eine unvergleichliche Hoffnung für mich als schwerkranke Frau, wie er unter dem Kreuz lebt, leidet, spricht – und seine brüchige Stimme bewegt, rührt mich zu den menschlichsten Gefühlen, ist, wie für unzählige andere Kranke, Alte, Hungernde, Einsame ein Zeichen, ein Fanal, ein Kraftgeben von Gott her. Ich liebe diesen Papst noch mehr, seit er es wagt, sich der Welt ‚zuzumuten', wie er jetzt ist; ich liebe die Kirche noch mehr, seit dieser Papst, weit hinaus über die Lippenbekenntnisse, die Kirche müsse für die Leidenden da sein, es verkörpert, dass die Kirche die Leidenden liebt. Wir Kranken müssen uns, das sagt uns die Präsenz dieses leidenden Papstes, nicht verstecken; wir müssen uns nicht in Altersheimen und Ghettos sedieren lassen und

---

14 Struck: Glaube und Krankheit, 2:11–5:20.
15 Struck: Glaube und Krankheit, 26:15–27:00.

auf unseren Tod warten. Auch alt und krank sind wir Menschen, haben wir Geist, können wir Menschen begeistern!"[16]

Die christliche Leidensmystik ist für den Glauben so zentral wie unverständlich für die meisten Christen der Gegenwart. Sie sehen im Leiden nur ein Übel, das überwunden werden muss. Karin Struck folgte einer mystischen Tradition, die im Leiden eine Möglichkeit der Nachfolge Christi sieht.

Der Held besitzt eine Rüstung – der Heilige geht nackt

Karin Struck weigerte sich, in der Endphase ihrer Krebserkrankung schmerzhemmendes Morphium einzunehmen, weil sie einen klaren Kopf behalten wollte. Ihre Tochter Sarah schrieb: „Karin Struck konnte provozieren, konnte zum Lächeln, Lachen oder Nachdenken, zum Weinen oder zur Weißglut bringen, gleichgültig blieb sie kaum einem."[17] Karin Struck starb am 6. Februar 2006 in München.

Die Schriftstellerin hat eine Reihe unveröffentlichter Werke hinterlassen: einen abgeschlossenen Roman mit dem Arbeitstitel ‚Vatertochter', eine Essaysammlung mit dem Arbeitstitel ‚Kunst oder Leben', einen Künstlerroman sowie ein mehr als tausendseitiges Manuskript ihres ‚Krebstagebuchs'. Außerdem hat sie an einem Buch über Papst Johannes Paul II. geschrieben.

Ein hervorstechendes Merkmal von Struck war, dass sie dem als wahr und wichtig Erkannten kompromisslos folgte. So schrieb dieselbe Tochter: „Sie war in der Sache

---

16 Struck, Karin: Nur schlechte Literatur, 3.6.2004, http://www.kath.net/news/7799 (Stand: 22.1.2023).
17 Struck, Ines Sarah: Die Schriftstellerin Karin Struck ist tot.

sehr hart. Sie hat nicht verstanden, dass sie andere damit verletzt. Für uns Kinder war das nicht einfach."[18] Das war der Preis für ihre Radikalität. Sie folgte keinem Zeitgeist und lehnte jede Beliebigkeit ab.

Karin Struck war sicherlich keine Heilige, aber ein Satz, der Simone Weil zugeschrieben wird, trifft auf sie zu: „Der Held besitzt eine Rüstung – der Heilige geht nackt." Trotz manch harscher Aussagen und ihrer Angriffslust war sie verletzlich und verwundbar und litt unter den mannigfaltigen Anschuldigungen, die ihr zuteilwurden.

Als Kämpferin für das Lebensrecht Ungeborener, als Frau, die für ihre Überzeugung Ausgrenzung und Nachteile auf sich nahm, und als glaubensstarke Katholikin bleibt sie einzigartig und wichtig. Ihr Vermächtnis bleibt aktuell.

---

18 Zit. in Schwab, Waltraud: Die in jeder Hinsicht radikal Suchende, in: TAZ vom 9.2.2006.

Max Thurian

„Wir brauchen alle eine Erneuerung
des Glaubens."

Im Januar 1974 besuchte ich die ökumenische Gemeinschaft von Taizé zum ersten Mal. In den Liturgien, die morgens, mittags und abends gefeiert wurden, entdeckte ich etwas, was selten in den heimischen Gottesdiensten zu finden war: die Atmosphäre des Sinnlichen und Mystischen. In Taizé konnte ich erfahren, wie wichtig die meditative, singende Wiederholung ist – unterbrochen von längeren Phasen der Stille, des Schweigens, der Besinnung. Sinnlich eben. Immer wieder zog es mich nach Taizé, jung verheiratet in den Achtzigern und mit den Kindern in den Neunzigern. Die Kinder saßen bei den Gottesdiensten gerne ganz in der Nähe von Frère Roger. So auch im August 2005. Wenige Tage später wurde der Leiter der Gemeinschaft von einer psychisch kranken Frau während des Gottesdienstes ermordet, was für die ganze Familie ein Schock war und uns zu Tränen rührte. Jahre später stand uns sein Nachfolger Frère Alois für ein Interview zur Verfügung.[1] Im Anschluss an das Gespräch besuchten meine Frau und ich die Gräber von Frère Roger und von Max Thurian, einem der Mitbegründer von Taizé, von dem hier die Rede sein wird. Begraben liegt Max Thurian in Taizé, gleich neben Frère Roger, am Eingang der kleinen romanischen Dorfkapelle.

---

1 Sobel, Alfred und Sylvia: Spirituelle Schätze entdecken. Was wir von Männern und Frauen Gottes lernen können, Aachen 2021, 15–27.

Der reformierte Theologe Max Thurian (1921–1996) war einer der Mitbegründer der damals protestantischen Communauté von Taizé, die sich von Anfang an besonders der Ökumene verschrieben hatte. Als ‚Haustheologe' von Taizé verfasste er zahlreiche Aufsätze und Bücher, die in mehrere Sprachen übersetzt wurden und war Beobachter beim II. Vatikanischen Konzil. Doch es ging ihm zu langsam mit der Ökumene – er ging einen anderen Weg: 1987 wurde er wegen der Eucharistie katholischer Priester.

Der Wiener Weihbischof Krätzl erzählt von einer Begegnung mit Thurian: „In den 1980er-Jahren lud mich ein Schweizer Studienkollege mehrmals in seinen Heimatort Visperterminen im Wallis ein. Einmal traf ich dort im Pfarrhof Max Thurian und P. Matthias, dessen Mitarbeiter. Beide feierten täglich am Vormittag in der Pfarrkirche die heilige Messe. [...] Der Beweggrund für seine Konversion war die Sehnsucht nach der ‚vollen Eucharistie'. Er litt darunter, dass die Protestanten nach der Reformation vor allem den Mahlcharakter hervorkehrten, im Gedächtnis an Leiden und Kreuzestod Jesu, aber seine Gegenwart in den Gestalten von Brot und Wein nur symbolisch betrachteten. Dies führte auch dazu, dass wohl die Wortverkündigung sehr stark betont, Abendmahl aber nur selten gefeiert wurde. Max Thurian erlebte zwar noch als Mitglied seiner Kirche eine Hinwendung zu häufigerer Abendmahlsfeier. [...] Dennoch sah er in der katholischen Sicht der Eucharistie und des Priestertums die Erfüllung seiner Sehnsucht."[2]

---

2 Krätzl, Helmut: Brot des Lebens. Mein Weg mit der Eucharistie, Innsbruck 2014, 144f.

Der Werdegang von Max Thurian

Max Thurian stand Zeit seines Lebens im Schatten von Frère Roger Schutz, dem Gründer und Prior von Taizé. Der reformierte Thurian wurde am 16. August 1921 als Sohn eines Zollbeamten im Kanton Genf geboren. Er studierte an der autonomen Theologischen Fakultät der Universität Genf, wo er seinen Abschluss machte und 1946 von der ‚Église nationale protestante de Genève' zum Pastor ordiniert wurde.

Als Thurian 1942 erstmals den protestantischen Theologiestudenten Roger Schutz traf, hatte er bereits seine Berufung entdeckt, die darin bestand, „ein Haus der geistlichen Einkehr für Menschen ins Leben zu rufen, in dem ich – in der Einsamkeit oder gemeinsam mit Brüdern – den Dienst des Gebets und der Seelsorge ausübe und mich gleichzeitig theologisch, liturgisch und geistlich betätige und Bücher schreibe"[3].

Max besaß bereits erste Erfahrungen eines gemeinschaftlichen Lebens, denn seit seiner Schulzeit traf er sich mit einer Gruppe zum geistlichen Austausch. Nach den ersten Treffen mit Roger Schutz erklärte Thurian: „Wir entschieden, unseren Plan so schnell wie möglich in die Tat umzusetzen: eine dauerhafte Gemeinschaft."[4]

Max Thurian, der 1942 erst im zweiten Studienjahr war, schrieb und arbeitete viel und plante oft große Projekte. So engagierte sich Max Thurian früh in der protestantischen Liturgiebewegung ‚Église et Liturgie' mit dem Ziel, die Liturgie der reformierten Kirche erneuern.

Sein Verhalten war manchmal widersprüchlich, Sabine Laplane beschreibt ihn gar als „etwas schwierigen Cha-

---

3   Zit. in Laplane, Sabine: Frère Roger. Die Biografie, Freiburg 2018, 138.
4   Ugenti, Antonio: Max Thurian. Una vita per l'unita, Casale Monferrato 1991, 12 (Übers. A. S.).

rakter"[5]. Zusammen mit Frère Roger nahm er an interkonfessionellen Treffen in der Abtei Notre-Dame-des-Dombes teil, wo die Liturgie der Trappisten sie besonders beeindruckte. Bei Max entstand der Gedanke, durch die Liturgie zwischen den Konfessionen zu vermitteln: „Ich werde alles tun, um meinen Brüdern Eure Art zu beten, Euren Gottesdienst, Euer Glaubensleben, Eure Mystik, kurzum: Euer Leben zu erklären."[6] So wundert es nicht, dass Max 1945 als theologische Abschlussarbeit das Thema ‚Das liturgische Leben der Kirche' wählte, bevor er 1946 zum Pfarrer ordiniert wurde. In den folgenden Jahren engagierte sich Max als Pfarrer in den reformierten Gemeinden von Chalon und Macon in der Nähe von Taizé und wurde offiziell im Pfarrerverzeichnis der reformierten Kirche Frankreichs geführt. Am 17. April 1949 legte Max Thurian mit sechs anderen Brüdern in Taizé die ewigen Gelübde für ein gemeinschaftliches Leben ab, die von der Communauté als ‚Engagement' bezeichnet werden.

Erste ökumenische Verbindungen

In Rom knüpften die Brüder von Taizé erste ökumenische Kontakte mit der katholischen Kirche, aber die Dogmatisierung der leiblichen Aufnahme Mariens 1950, die Taizé in dieser Form ablehnte, führte zu einer ökumenischen Eiszeit. Die Brüder hatten vergebens versucht, der Papst möge statt einer Dogmatisierung eine Enzyklika herausgeben. Max Thurian machte in dem Aufsatz ‚Le dogme de l'Assomption' keinen Hehl aus seiner großen Enttäuschung: „Die Definition der Assumptio ist ein Irrtum. [...] Wir haben es hier nicht mehr mit dem Christentum [...]

---

5   Laplane: Frère Roger, 144.
6   Zit. in Laplane: Frère Roger, 149.

zu tun, [...] sondern mit einer Religion, die man Papalismus nennen muß."[7] Zugleich wurde Taizé von Reformierten bedrängt, öffentlich gegen das Dogma zu protestieren. Zu Beginn der 1950er-Jahre verschlechterte sich auch die Beziehung zur reformierten Kirche in Frankreich, die für die Brüder Taizés eine Ordination als Pfarrer ablehnte, da ein dauerhaftes Lebensengagement als nicht evangeliumsgemäß angesehen wurde. Schon zu dieser Zeit zirkulierte das Gerücht: „Pfarrer Schutz und Max Thurian seien heimlich zum Katholizismus übergetreten."[8] Thurian veröffentlichte früh theologische Aufsätze und Bücher und schrieb 1953 auf Anregung von Frère Roger ein Buch über ‚Die Beichte', sowie ‚Die Freude des Himmels und der Erde. Einführung in das liturgische Leben' und ‚Ehe und Ehelosigkeit'.

Inzwischen hatte Taizé Verbindung zum Weltkirchenrat (der Dachorganisation von 310 christlichen Kirchen) aufgenommen und erhielt 1958 die Zusage, dass Thurian in der ‚Kommission für Glauben und Kirchenverfassung' mitarbeiten durfte. So nahm Frère Max von 1961 bis 1978 an den Vollversammlungen und Konferenzen des Weltkirchenrates teil.

Aufgrund der Kontakte zur katholischen Kirche, die nie abgerissen waren, lud Papst Johannes XXIII. Frère Roger und Max Thurian persönlich als protestantische Beobachter zum Zweiten Vatikanischen Konzil (1962–1965) ein, wobei Thurian auch Berater im Liturgierat war. Der Papst schätzte die ökumenisch ausgerichtete Gemeinschaft sehr und nannte sie einen ‚kleinen Frühling'. Thurian war schon als junger Theologe leidenschaftlich enga-

---

7   Thurian, Max: Le dogme de l'Assomption, in: Maurice Villain: L'Abbé Paul Couturier, Tournai 1956, 246f. (Übers. A. S.).
8   Laplane: Frère Roger, 228.

giert für die liturgische Arbeit, für die Sakramente, für eine Erneuerung des Protestantismus, der auch offen war für die anderen Konfessionen, besonders für die katholische Kirche.

Taizé und die Ökumene

Mit Erlaubnis des Erzbischofs von Paris wurden 1969 die ersten katholischen Brüder in Taizé aufgenommen. Ab 1971 war Max der ständige Vertreter von Taizé in Rom.

Die Zahl der Brüder in Taizé wuchs kontinuierlich und die Communauté suchte von Anfang an den Kontakt zum katholischen Bischof von Autun. 1972 erhielten Frère Roger und Frère Max vom Bischof von Autun, Armand-François Le Bourgeois, die Kommunion, nachdem beide das Glaubensbekenntnis gesprochen hatten.[9] Auch wenn danach kein Dokument einer Konversion zum Katholizismus unterschrieben wurde, stellten Theologen die Frage, ob Max Thurian und Roger Schutz nach der Auffassung katholischer Theologie damit bereits de facto katholisch geworden waren.[10]

Schon beim Konzil hatten die beiden Protestanten Aufsehen erregt, als sie wie selbstverständlich vor dem Allerheiligsten niederknieten. Der Kommunionempfang in Autun wurde als Beleg für einen Übertritt der beiden zum Katholizismus gewertet – was jedoch von der Gemeinschaft von Taizé stets als unzutreffend zurückgewiesen wurde. In der Folgezeit trat Thurian weiterhin als Verfasser verschiedener theologischer Bücher und Aufsätze in Erscheinung: Über die Eucharistie, Maria, das Amt, die

---

9   Vgl. La Croix, 6.9.2006 (Übers. A. S.).
10 Vgl. Modehn, Christian: Ein spiritueller Meister. Roger Schutz (Taizé) zum 100. Geburtstag (19.4.2019), https://religionsphilosophischer-salon.de/katholisch-geworden-Taizé (Stand: 15.5.2023).

Ehe und die Liturgie. Verfolgt man die Entwicklung Thurians seit 1965, so ist eine starke Annäherung an die katholische Theologie und Spiritualität festzustellen.

Anfang der 1980er-Jahre arbeitete Max Thurian noch mit an der ökumenischen ‚Lima-Erklärung' des Weltkirchenrates über Taufe, Eucharistie und Amt und war an der Ausarbeitung der ‚Lima-Liturgie' beteiligt. Die Lima-Liturgie ist ein eucharistischer Gottesdienst, die besonders bei bedeutenden ökumenischen Anlässen gefeiert wird.

Für den katholischen Liturgiewissenschaftler Balthasar Fischer war Thurians „schönstes Geschenk an die Ökumene der maßgeblich von ihm redigierte, ganz auf der altchristlichen Tradition beruhende Text der sog. Lima-Liturgie"[11]. War der Opfercharakter der Heiligen Messe der Lima-Liturgie noch fremd, konnte Thurian später diese Auffassung mitvollziehen.[12]

Das Problem einer Bi-Konfessionalität

1976 erklärte Thurian im Centre Saint-Louis in Rom: „Wenn ein Protestant davon überzeugt ist, dass die katholische Kirche im II. Vatikanischen Konzil ihre Übereinstimmung mit der apostolischen Kirche wiederentdeckt hat, dann kann er sich als Mitglied dieser Kirche betrachten, ohne jedoch seine Zugehörigkeit zu einer anderen kirchlichen Gemeinschaft zu verleugnen."[13] Diese Idee einer Doppelmitgliedschaft oder Bi-Konfessionalität fand sich auch bei Frère Roger: Er betonte immer wieder ausdrücklich, seiner protestantischen Herkunft treu bleiben

---

11 Fischer, Balthasar: Max Thurian, in: Gottesdienst, 20.9.1996.
12 Vgl. Thurian, Max: Liturgie als Kontemplation des Mysteriums, in: Osservatore Romano vom 9.8.1996, 6 (dt. Ausgabe).
13 Zit. in La Documentation catholique, 18.4.1976, 370 (Übers. A. S.).

zu wollen. Er wollte den „Glauben [s]einer Ursprünge mit dem Geheimnis des katholischen Glaubens versöhnen [...] und beiden Kirchen gleichzeitig angehören"[14]. Dieser Status ist im Kirchenrecht nicht vorgesehen, wurde aber von der katholischen Kirche für Frère Roger wohl stillschweigend akzeptiert. Ein sichtbares Zeichen hierfür war der Kommunionempfang von Frère Roger bei der Beerdigung von Papst Johannes Paul II.

Thurians Priesterweihe

Seit 1980 lebte Max Thurian nur noch gelegentlich in Taizé, denn er war zumeist abwechselnd in Genf, Rom und Neapel. In Neapel hatte ihn Kardinal Ursi eingeladen, im dortigen Priesterseminar Kurse abzuhalten. In dieser Zeit diskutierte er mit Frère Roger oft die Frage einer Priesterweihe. Frère Roger wusste, dass Thurian überlegte, zu konvertieren und sich zum katholischen Priester weihen zu lassen. Schließlich hatte Thurian wiederholt theologisch über das Amt in der Kirche gearbeitet. 1984 hatte er noch gehofft, zum Sekretär einer wichtigen Kommission des Weltkirchenrates ernannt zu werden, aber seine Berufung – so berichtete er im Januar 1985 dem Bruderrat in Taizé – wurde abgelehnt, weil er zu ‚katholisch' wirkte.

Thurians Konversion war ein überraschender Schritt für die Brüder und für Frère Roger. Aber sie akzeptierten, dass Frère Max ein konfessionsübergreifendes Verständnis von Liturgie und Dienstamt in der Kirche hatte. Besonders wichtig war seine Bezugnahme auf die Alte Kirche, die Kontinuität mit den Kirchenvätern des ersten Jahrtausends. Für die Ökumene hat das Türen geöffnet.

---

14 Schutz, Roger: Eine Ahnung von Glück, Freiburg 2006, 82.

Offenbar gingen Thurian die ökumenischen Fortschritte nicht schnell genug. Der heutige Prior Frère Alois erklärt: „Er wurde irgendwann zu ungeduldig, und er ging einen anderen Weg."[15] Dieser Weg war die katholische Priesterweihe und damit der Übertritt zur katholischen Kirche. Am 3. Mai 1987 wurde er in Neapel vom dortigen Erzbischof, Kardinal Corrado Ursi, mit dem ihn eine lange Freundschaft verband, zum Priester geweiht.

Bei Thurian kann man nicht von einer plötzlichen Konversion sprechen, sondern von einer allmählichen Verfestigung des katholischen Glaubens in wichtigen Punkten wie der Realpräsenz bei der Eucharistie, des Primats des Papstes und seines Dienstes an der Einheit sowie der Sakramentalität der Priesterweihe und der apostolischen Sukzession. Die Priesterweihe war der Schlusspunkt seiner spirituellen und dogmatischen Entwicklung.

Irritationen in der Ökumene

Die Priesterweihe und damit die Konversion von Max Thurian lösten Irritationen beim Weltkirchenrat in Genf aus, da er zu diesem Zeitpunkt noch in der Abteilung Glaube und Kirchenverfassung des Ökumenischen Rates mitarbeitete.

Über die Frage einer Konversion vor der Priesterweihe schrieb Kardinal Ursi von Neapel: „In Wirklichkeit hat Bruder Max Thurian das Sakrament der Firmung empfangen, also die volle Gemeinschaft mit der Kirche, bevor er geweiht worden ist."[16] In einer Stellungnahme zu seiner Priesterweihe erklärte Thurian: „Als ich den Erzbischof

---

15 Zit. in Brüggemann, Alexander: Der Theologe neben Frère Roger, 15.8.2016, https://www.katholisch.de/artikel/10130-der-theologe-neben-frere-roger (Stand: 14.5.2023).

16 Strucken, Bernhard: Priesterweihe des ‚protestantischen Bruders' Max Thurian, in: Una-Voce-Korrespondenz (3) 1989, 176–178, hier 176.

von Neapel aus freiem Willen um die Priesterweihe bat, war es klar, daß ich niemanden verließ, daß ich nichts ableugnete, was ich vorher als Christ empfangen hatte. Es konnte sich nur um eine Erfüllung meiner Taufe, meines Amtes und meiner geistlichen Profeß (Gelübde) handeln, in Dankbarkeit und Treue der Kommunität Taizé gegenüber. Ich habe weiter großen Respekt für die reformierte Tradition, die mir in Vollmacht das Wort Gottes verkündigt hat. Ich möchte in voller Solidarität mit allen leben, die mir im Laufe meines christlichen Lebens und besonders in meiner ökumenischen Arbeit im Dienst an der Einheit der Christenheit geholfen haben. Ich habe jetzt eine viel positivere Haltung zu allem, was echt ist in der Tradition der Reformation."[17]

Den Schwebezustand einer Bi-Konfessionaltät konnte Thurian nicht durchhalten. Um die Eucharistie feiern zu können, musste er zum Katholizismus übertreten und sich zum Priester weihen lassen. Von einer formellen Konversion ist nirgendwo die Rede. Gab es diese vor der Firmung? Diese Frage muss offenbleiben.

Weiter schrieb Thurian, dass seine Entscheidung, sich zum Priester weihen zu lassen, in der Stille bleiben sollte, damit niemand unter einem falschen Gebrauch in der Öffentlichkeit leide. Nach Aussagen von Freunden reagierte Frère Roger bestürzt auf die Priesterweihe, dachte er doch an mögliche Konsequenzen für die Ökumene. Frère Alois erklärte später beruhigend: „Ja, Frère Roger war erstaunt, erst im Nachhinein von dieser Priesterweihe zu erfahren. Aber er sagte oft zu uns, dass er sie auf der Stelle hinnahm, und fügte hinzu: Es ist an uns, alles zu tun, damit das Priestertum Max mit Frieden erfüllt und in seinem

---

17 Zit. in Strucken: Priesterweihe, a.a.O.

Leben zu einem Moment der Fülle wird."[18] In der Tat verstanden viele Wegbegleiter Thurians sein Schweigen nicht. Erst im Januar 1988 erhielt die ‚Groupe des Dombes' Mitteilung von der Priesterweihe Thurians und am 11. Mai 1988 kam es zu einer Pressemitteilung.

Der protestantische Pfarrer Michel Leplay erklärte: „Uns in der ‚Groupe des Dombes' ging Max Stillschweigen sehr gegen den Strich."[19] Auch der Jesuit Bernard Sésboué, Vorsitzender der ‚Groupe des Dombes' von 1967–2005, zeigte sich verwundert: „Am 50. Gründungstag der Gruppe fehlte zu unserem Erstaunen Max, der unbestreitbar einer ihrer prägendsten Gestalten war, ohne uns verständigt zu haben. […] Ich kann immer noch nicht begreifen, warum er sich in Schweigen hüllte; das konnte unsere ökumenische Gruppe gefährden, dies habe ich ihm in aller Brüderlichkeit geschrieben."[20]

Thurians Gründe für den Übertritt zur katholischen Kirche

Max Thurian hat später die Gründe für sein Stillschweigen in Briefen erläutert: „Ich wollte, dass meine Entscheidung im Hintergrund bleibt, damit niemand – insbesondere nicht meine betagte Mutter – unter dem Aufsehen zu leiden habe […] Ich bewahre tiefe Achtung vor der reformierten Tradition, die mir das Wort Gottes kraftvoll vermittelt hat. […] Seit langem fühlte ich mich tief katholisch […]. Mein Weg zum katholischen Priesterdienst besteht aus einem Zusammenwirken von theologischen Überlegungen, ökumenischen Gesprächen, liturgischen Erfah-

18 Escaffit, Jean-Claude/Moiz Rasiwala: Die Geschichte von Taizé, Freiburg 2018, 177.
19 A.a.O., 175.
20 Ebd.

rungen und kirchlichen Ereignissen und Personen."[21] Max Thurian zitierte das Konzil und verwies auf die Betonung des Stellenwertes der Eucharistie durch das Konzil sowie „den sakramentalen Charakter des Weiheamtes in der Kontinuität der Kirche der Apostel". Wichtig war ihm ferner „die durch die Nachfolger des Petrus garantierte Einheit"[22].

Balthasar Fischer schrieb über Thurians Übertritt zur katholischen Kirche: „Wie einst J. H. Newman war er zu der Überzeugung gekommen, daß ‚die Kirche der Väter die wahre ist und in der katholischen Kirche fortbesteht'. Es ist bezeichnend für Max Thurian, daß er diese Entscheidung am liebsten geheimgehalten hätte, um dem Ökumenismus nicht zu schaden."[23]

Thurians theologische Arbeit

Thurian war in der Folgezeit weiterhin als Theologe tätig. 1992 berief ihn Papst Johannes Paul II. zum Mitglied der päpstlichen Internationalen Theologenkommission. Er arbeitete mit an der Abfassung des Weltkatechismus und lieferte Beiträge zu den Themen Gebet und Eucharistie.

Liturgie blieb ein besonderes Anliegen Max Thurians. Am Ende seines Lebens stellte er bei der erneuerten Liturgie eine problematische Eindimensionalität fest, die vor allem die kontemplative Dimension der Liturgie vermissen ließ. So schrieb er wenige Tage vor seinem Tod im Artikel ‚Liturgie als Kontemplation des Mysteriums':

„Das große Problem der heutigen Liturgie (Abwendung vom Gottesdienst, Langeweile, fehlende Lebendigkeit und Teilnahme) besteht darin, dass die Feier ihre Eigen-

---

21 A.a.O., 176.
22 Ebd.
23 Fischer, Balthasar: Max Thurian, in: Gottesdienst vom 20.9.1996.

schaft als Mysterium verloren hat, die den Sinn für Anbetung fördert. Man nimmt teil an einer Inflation von Worten, Erklärungen, Kommentaren, allzu langen und schlecht vorbereiteten Predigten, die kaum Raum lassen zur Besinnung auf das gefeierte Mysterium. [...] Unter dem Gesichtspunkt einer neuentdeckten Bedeutung des Mysteriums und der Anbetung, spielen die Architektur und die Anordnung der Kultstätten eine außerordentliche Rolle. [...] Unabhängig von der architektonischen Anordnung der Kirche müssen die zwei folgenden, die Liturgie ergänzenden Aspekte immer berücksichtigt werden: der Dialog des Wortgottesdienstes von Angesicht zu Angesicht und die kontemplative Ausrichtung der eucharistischen Liturgie. Oft spielt sich die ganze Feier wie eine Ansprache und ein Dialog ab, in dem kein Raum mehr für Anbetung, Kontemplation und Stille bleibt. Das ständige Aug-in-Aug der Zelebranten mit den Gläubigen schließt die Gemeinschaft in sich selbst [...]. Die dringendste Aufgabe, die sich der Liturgie der Kirche heute stellt, ist es, alles so zu ordnen, dass die kontemplative Anbetung Gottes, der sich seinem Volk im Wort und in den Sakramenten offenbart, so weit wie möglich gefördert wird."[24]

In seinen letzten Lebensjahren litt Max Thurian an einer Krebserkrankung und wurde in Genf behandelt, aber er kam weiterhin jede Woche nach Taizé – immerhin rund 200 Straßenkilometer. Frère Max Thurian starb an Maria Himmelfahrt, am 15. August 1996, in Genf, einen Tag vor seinem 75. Geburtstag. Begraben liegt er in Taizé, gleich neben Frère Roger am Eingang der kleinen romanischen Dorfkapelle.

---

24 Thurian: Liturgie als Kontemplation des Mysteriums, 6.

Der Wiener Weihbischof Krätzl fasst das Wirken Max Thurians zu Recht in die Worte: „Trotz seines fast spektakulären Weges vom nüchternen reformierten Christen zum katholischen Priester und Domherren in Neapel ist Max Thurian ein zutiefst glaubwürdiger Wegbereiter der Ökumene. Er ist auch nach seiner Konversion der ökumenischen Bewegung treu geblieben, loyal nach beiden Seiten. Seine besondere Bedeutung aber liegt im Drängen nach eucharistischer Einheit. Ich bin froh, [...] dass ich erleben durfte, wie er täglich in größter Ehrfurcht Eucharistie gefeiert hat."[25]

---

25 Krätzl: Brot des Lebens, 145f.

Antoni Gaudí

„Schönheit ist die Ausstrahlung
der Wahrheit.“

*Auf Reisen besuche ich immer wieder
gerne Kirchen. Dabei versuche ich, die
dort verborgenen Botschaften zu ent-
ziffern: Welcher Heilige ist das? Was bedeutet dieses Bild? So trete ich in einen
Dialog mit den verschiedenen Darstel-
lungen. Ein sakraler Raum sollte ein
Sinnraum sein, der das Mysterium Gottes vergegenwärtigt. Er ist ein heiliger
Ort, an dem Gott anwesend ist, wie es
Gaudís Kirche „Sagrada Família" in
Barcelona anstrebt. Ob dazu Architekten
besonders befähigt sind, die wie Gaudí
den Glauben für sich entdeckt haben?
Natürlich besuche ich auch ‚moderne'
Kirchen, bei denen als durchgängiges
Prinzip oft die Einfachheit dominiert,
durch die der Bilderflut der medialen
Gesellschaft Einhalt geboten werden soll.
Wer in solchen Kirchen beten möchte,
dürfte sich einsam fühlen. Allen Bildern
entwöhnt, wird man auf sich selbst
zurückgeworfen. Ich hingegen möchte
in einer Kirche durch Architektur und
Kunst bewusst erhoben werden aus meinem Alltag. Das kann Gaudis ‚Sagrada
Familia' leisten, man muss sich nur
darauf einlassen.*

Jedes Jahr besuchen rund 20 Millionen Gläubige und Touristen in Barcelona eines der spektakulärsten sakralen Bauwerke Europas: Die Sagrada Família, zu deutsch mit vollem Titel die „Sühnekirche von der Heiligen Familie". Obwohl immer noch unvollendet, gehören die Krypta und die Geburtsfassade seit 2005 zum Weltkulturerbe. Im Jahr 2000 weihte Papst Benedikt XVI. den Innenraum der Kirche ein. Bis 2026 sollte der architektonische Teil der Kirche fertiggestellt sein, was aber durch die Corona-Pandemie nicht einzuhalten sein wird. ‚Mein Kunde hat keine Eile', soll der Erbauer der Kirche, Antoni Gaudí geantwortet haben, als er auf den Zeitpunkt der Fertigstellung des Bauprojekts angesprochen wurde.

Der Architekt Antoni Gaudí ist eine ganz besondere Persönlichkeit. „Katholiken verehrten ihn als glaubensstarken Schöpfer eines Symbols besonderer Frömmigkeit und wundertätigen Fürsprecher im Himmel."[1] Im Jahr 2000 wurde daher ein Seligsprechungsverfahren für ihn eingeleitet. Seit Jahren werden aus diesem Grund weltweit Berichte über Gebetserhörungen gesammelt, die der Fürsprache von Antoni Gaudí zuzuschreiben sind.

Wer war dieser ‚Architekt Gottes'?

Antoní Gaudí kam am 25. Juni 1852 als fünftes und letztes Kind des Kupferschmieds Francesc Gaudí i Serra und Antònia Cornet Bertran in Reus im ländlichen Süden Kataloniens zur Welt. Als Kind entwickelte er sich langsam und musste lange gestillt werden. Von Kindheit an litt er an Rheuma, sodass er oft in der Schule fehlte und stattdessen viel Zeit in einem Landhaus der Familie im Nachbarort Riudoms verbrachte. Statt mit anderen Kindern zu

---

1 Vgl. Muscheler, Ursula: Sternstunden der Architektur. Von den Pyramiden bis zum Turmbau von Dubai, München 2009, 199.

spielen, beobachtete er die Natur mit ihren fließenden Formen, was später Einfluss auf seinen naturgeprägten Architekturstil hatte. Die Natur betrachtete er stets als seine ‚Lehrmeisterin‘. Ohne Zweifel hat Antoni Gaudí eine tiefgreifende christliche Erziehung erhalten. Zunächst von der Mutter Antònia, dann ab seinem elften Lebensjahr in der höheren Schule durch Piaristenpatres. Von seiner Mutter lernte er nicht nur beten, sondern auch die Natur als Schöpfung zu sehen.

1868 siedelte Gaudí nach Barcelona über, um ein letztes Jahr im Gymnasium zu absolvieren und sich auf die Universität vorzubereiten. An der Universität selbst hatte er nur mäßige Zensuren, besonders die analytische Geometrie bereitete ihm Schwierigkeiten.

Von 1873 bis 1878 studierte er dann an der ‚Escola d'Arquitectura‘, wobei er neben den theoretischen Studien in den Seminaren und am Zeichentisch in verschiedenen Architekturbüros arbeitete, um Geld zu verdienen. So erwarb er bereits in seinem ersten Studienjahr viel praktisches Wissen. Nebenbei belegte er Kurse in Philosophie, Ästhetik und Geschichte an der Universität. Gaudí lernte Deutsch und Französisch und interessierte sich für afrikanische und östliche Kulturen sowie für zeitgenössische Poesie und Literatur. Als Gaudí am 15. März 1878 sein Architekturdiplom erhielt, sagte Elies Rogent, der Direktor des Instituts, den berühmten Satz: „Wer weiß, ob wir das Diplom einem Verrückten oder einem Genie gegeben haben – nur die Zeit wird es uns sagen."[2]

---

2   Hermann, Norbert: Mathematik und Gott und die Welt, Berlin [3]2018, 20.

Dandytum und Abkehr von der Kirche

Die soziale und politische Lage in Barcelona war Ende des 19. Jahrhunderts sehr unruhig. Es bestanden extreme soziale Unterschiede zwischen Bürgertum und Arbeiterschaft und die Stadt war in den 1890er-Jahren Schauplatz zahlreicher anarchistischer Anschläge. In dieser Zeit konnte man bei Gaudí, der schnell gutes Geld verdiente, einen Zug zum Dandytum feststellen:[3] Er kleidete sich elegant, liebte Komfort, gutes Essen und guten Wein, ritt aus und ging in die Oper und ins Schauspiel. Er war überhaupt eine besondere Erscheinung mit seinem vollen, blonden Haar, seinen tiefblauen Augen und dem stattlichen Wuchs. Gaudí verkehrte in Intellektuellenkreisen und literarischen Cafés, wobei er Kontakte zu Anarchisten, Atheisten und Freimaurern pflegte. Dieser gesellschaftliche Umgang blieb nicht ohne Folgen für Gaudís Lebenseinstellung: Er übernahm die in diesen Kreisen übliche antikirchliche Haltung und wurde zum Glaubensskeptiker. Zugleich setzte er sich für Arbeiter ein, indem er bei seinem ersten größeren Objekt eine menschenwürdige Unterbringung für Arbeiter plante. Doch das Unternehmen der Arbeitergenossenschaft Mataró scheiterte.

Auf dem Weg zum eigenen Stil

Sein erstes Bauwerk war die ‚Casa Vicens' (1883–1885), die seine Vorliebe für Bruchsteine und Keramikfliesen dokumentiert. An der ‚Casa Batlló' (1904–1906) zeigte sich Gaudís Detailverliebtheit, wobei er Bruchsteine und bunte Keramikfliesen als Gestaltungselemente einsetzte. Kritiker nannten Gaudís Bauten ‚steinerne Missgeburten',

---

3   Vgl. Zerbst, Rainer: Gaudi, Köln 2012, 12f.

‚obszöne Knollen', ‚halb Palast, halb Hundehütte' und attackierten ihn sogar als „Ungeheuer von Barcelona"[4].

Gaudí war lange auf der Suche nach einem eigenen Stil. Anfangs mischte der junge Architekt seine Baustile: Gotik und Jugendstil. Er entwickelte einen eigenwilligen Stil von welligen und organisch wirkenden Formen. So wurde er zum Hauptvertreter des ‚Modernisme', der katalonischen Spielart des Jugendstils, die sich durch geschwungene Linien, unregelmäßige Grundrisse, schräge gemauerte Stützen, naturnahe, weiche Formen mit Motiven der Flora und Fauna auszeichnet. „Als Gaudí wieder einmal mit Rheuma darnieder lag, hatte er eine Eingebung: Wenn Gott die Pflanzen mit Ästen und Zweigen erschafft, ist das nicht die bessere, schönere und der Schöpfung gerechtere Architektur, fragte er sich"[5], erzählt Juan Bassegoda Nonell, der Lehrstuhlinhaber für Gaudí-Forschungen in Barcelona. Später wird Gaudí zitiert mit den Worten: „Die Gerade ist die Linie des Menschen, die Gebogene die Linie Gottes."[6] Er entwickelte seine Gebäude während des Baus anhand von Skizzen und Modellen und entwarf auch die kleinsten Details im Gebäudeinneren selbst.

Die Sagrada Família

Am Ende des 19. Jahrhunderts herrschte in Spanien eine antiklerikale Stimmung. In diesem Klima hatte 1874 der Buchhändler José Bocabella, ein großer Verehrer des heiligen Josef, die Idee, eine Kirche zu errichten, die der Heiligen Familie geweiht werden sollte. Zur Sühne für die

---

4   Vgl. Schulze, Ralph: Die weltberühmte Baustelle, in: Kölner Stadt-Anzeiger, 24.06.2002.
5   Zit. in Scholz, Christoph: Papst weiht Sagrada Familia in Barcelona, in: Der Pilger, 4.11.2010.
6   Nowak, Nikolaus: Gebaute Religion oder Kitsch?, in: Die Welt, 23.10.1998.

Sünden seiner Zeitgenossen wollte er ein Zeugnis der Liebe zu Gott ablegen. „Der Grundstein der Kirche wurde gelegt ‚als Sühne für die Sünden der Zeitgenossen‘, damit – so Bocabella – ‚die lauen Seelen wachgerüttelt werden, der Glaube wieder erstarkt, die Nächstenliebe aufblüht und damit der Herr sich seines Landes erbarmt.‘"[7]

Die Kirche sollte eine Kirche der Armen sein und nur aus Spendenmitteln erbaut werden. 1881 wurde der Bauplatz der heutigen Kirche dank vieler Spenden und Almosen erworben. Der Architekt der Diözese, Francisco del Villar, stellte sich als Planer zur Verfügung, wobei die Grundsteinlegung am 19. März 1882 erfolgte, dem Gedenktag des heiligen Josef. Antoni Gaudí war bei der Grundsteinlegung anwesend, er hatte als Student in del Villars Büro gearbeitet. Geplant war eine einfache, dreischiffige Kirche ohne Besonderheiten im neuromanisch-neugotischen Stil. Ein Jahr nach dem Baubeginn kam es aber zum Zerwürfnis zwischen José Bocabella und dem Architekten, der aus dem Projekt ausschied. Laut einer Legende hatte in dieser Zeit eine Tante Bocabellas einen Traum, in dem der heilige Josef sich einen großen Blonden mit blauen Augen als neuen Architekten aussucht. Ohne dem Traum Bedeutung zuzumessen, begegnete Bocabella kurze Zeit später in einem Architekturbüro ein blonder, blauäugiger junger Mann: Antoni Gaudí. Im Alter von nur 31 Jahren übernahm Gaudí 1883 die Bauleitung der Kirche. 42 Jahre seines Lebens widmete er sich der Kirche, die letzten zwölf Jahre sogar ausschließlich. Als er die Leitung übernahm, hatte er hauptsächlich ein berufliches Interesse an der Aufgabe, stand

---

7   Becher, Johannes: Oh, seliger Antoni Gaudi, in: Bonifatiusbote. Extraheft, Bauherr Kirche, 16.7.2017, 17–21, hier 18.

er doch zu jener Zeit der Kirche skeptisch gegenüber. Das sollte sich in den folgenden Jahren ändern.

Auf dem Weg zum Glauben

Nach Jahren des Agnostizismus und der Distanz zur Kirche vollzog Gaudí eine Konversion als radikale Wende zu einer neuen religiösen Überzeugung und gab seinem Leben somit eine andere Richtung. Dass Gaudí wieder zum Glauben fand, verdankte er dem Kontakt mit gebildeten und überzeugten Christen. So arbeitete er mit dem tiefgläubigen Architekten Joan Martorell zusammen, lernte den hochgebildeten Katholiken und Buchhändler José Bocabella kennen und machte die Bekanntschaft mit ausgewählten Priestern. Besonderen Einfluss übte hierbei der Bischof von Astorga, Joan Batista Grau, auf Gaudí aus, der ihn mit seiner Begeisterung für Fragen der Liturgie ansteckte. Für ihn baute er 1887–1889 einen Bischofssitz in Astorga. „Eine völlige Identifizierung mit dem Auftrag war immer eine Selbstverständlichkeit seiner Arbeitsmethode gewesen. In diesem Fall war das Projekt aber eine Sühne-Kirche. [...] Gaudí begann, sich in der katholischen Liturgie zu vertiefen; eine oberflächliche Beschäftigung mit architektonischen Formen war bei ihm nicht denkbar. Er wollte alles über das Thema wissen, über die Baugeschichte der Kirchen, über Liturgie, über Sühne und Opfer."[8]

Er begann, selbst einen Weg der Sühne zu gehen, des Verzichtes, der Askese. Antoni Gaudí hatte mittlerweile eine Beziehung zu Gott gefunden, er führte bereits ein tiefes geistliches Leben. Regelmäßig besuchte er Kranke

---

8   http://www.antonigaudi.de/faq.html unter der Überschrift „Seine Beziehung zu Gott" (Stand: 14.2.2023).

und Sterbende im Hospital de la Santa Creu, wo er selbst 1926 starb.

Auch der Tod naher Familienangehöriger prägte Gaudí. Zwei seiner Geschwister starben früh, ein Bruder nach Beendigung des Medizinstudiums, seine Mutter 1876 und Schwester Rosa 1879 im Alter von 36 Jahren. Sein Vater starb 1906 und 1912 seine Nichte Rosita, um die sich Gaudí rührend gekümmert hatte. Sie war alkoholabhängig geworden aufgrund der Einnahme alkoholhaltiger Medizin. Als auch einige seiner engsten Freunde starben, sagte er: „Meine großen Freunde sind tot. Ich habe keine Familie, keine Kunden, kein Vermögen oder sonst etwas. Auf diese Weise kann ich mich ganz dem Gotteshaus widmen."[9]

Kirche als steingewordenes Glaubensbekenntnis

Mit der Kirche wollte Gaudí eine Zusammenfassung des katholischen Glaubens in einem Bauwerk darstellen: „Die Schöpfung der Welt, die Arbeit des Menschen auf der Erde, der Übergang aus dem Reich der Finsternis in das Reich des Lichts, die Mysterien des Lebens Christi, die sieben Sakramente, die sieben Gaben des Heiligen Geistes, die Seligpreisungen, der Tod, das Fegefeuer, das Jüngste Gericht, die Hölle und der Himmel. Der geplante Grundriss der ungefähr 100 m langen ‚Kathedrale' hatte die Form eines lateinischen Kreuzes mit fünf Schiffen sowie drei Fassaden. Die Schiffe sollten durch geneigte, parabolische Gewölbe bildende Säulen voneinander getrennt sein. Zur Stabilisierung des Gebäudes sollten alle Stützträger zur Mitte hin konvergieren. Diese innovative Technik war von Gaudí entwickelt worden, um die 18 ge-

---

9   Zit. in Bergó Massó, Joan: Gaudi. Der Mensch und das Werk, Ostfildern 2000, 45f.

planten, etwa 110 m hohen Türme sowohl sturm- als auch erdbebenfest zu machen. Gaudí wollte, dass das Bauwerk allen offensteht: ‚Das Portal soll nicht nur für einzelne Menschen, sondern für die ganze Menschheit groß genug sein, weil alle einen Platz im Schoß des Schöpfers haben.'"[10]

Durch den Kontakt mit gläubigen Christen und in Auseinandersetzung mit der Liturgie und Sakralkunst wandelte sich der Glaubensskeptiker zum tiefgläubigen Katholiken. Er intensivierte sein Gebetsleben und begann, sich in die katholische Liturgie und in Themen wie Opfer und Sühne zu vertiefen. Er suchte das Gespräch mit Theologen, Bischöfen und Priestern. „Durch diese Hingabe an den Bau hat eigentlich die Kirche ihn gebaut; ihn innerlich geformt und allmählich verwandelt."[11]

Gaudí verordnete sich Askeseübungen. Er führt ein Leben des Verzichtes, ein Leben in Armut; ein Leben des Opfers, denn die Kirche sollte eine Kirche des Opfers und der Sühne werden. „Das Leben ist Kampf. Um zu kämpfen, benötigt man Kraft, und diese Kraft liegt in der Tugend, die sich nur durch geistliche Übung, das heißt die religiöse Observanz bewahren und mehren lässt."[12] Während der Fastenzeit 1894 fastete er so streng, dass seine Gesundheit Schaden zu nehmen drohte. Er suchte und fand geistliche Begleiter bei den Oratorianern von Philipp Neri, nahm täglich an der Heiligen Messe teil und studierte intensiv das Evangelium. Nicht selten sammelte Gaudí mit dem Hut in der Hand Geld für den Weiterbau der Kirche, denn ab 1906 gingen die Arbeiten an der Kir-

---

10 Saint Joseph Clairvall Abbey Newsletter, 12.6. 2011, https://www.clairval.com/documents/AN-2011-06-12.pdf (Stand: 15.5.2023) (Übers. A.S).
11 http://www.antonigaudi.de/faq.html unter der Überschrift „Seine Beziehung zu Gott.
12 Zit. in Joan Bergó Massó: Gaudi, 42.

che nur zögerlich voran und 1914 stockten sie wegen Geldmangels völlig. Gaudí ging selbst von Haus zu Haus und sammelte Geld für die Fortführung der Kirche. Er selbst scherzte, dass Bekannte ihm auswichen, weil er sie sonst unweigerlich um Geld bat.

In den letzten Lebensjahren lebte Gaudí im Bauatelier der Sagrada Família umgeben von Plänen und Modellen. Er war am Bau überall anzutreffen und kümmerte sich um jedes noch so kleine bautechnische Problem.

Gaudís soziale Verantwortung zeigte sich darin, dass er 1906 mit seinem Geld eine Schule an der Sagrada Família baute: für die Kinder der Arbeiter, die an der Kirche bauten, und der armen Familien des Stadtviertels. Da es noch keine Sozialversicherung gab, wurden die Arbeiter bis zu ihrem Lebensende beschäftigt. Gaudí richtete außerdem ein Versicherungssystem auf Gegenseitigkeit ein, wo jeder Arbeiter einen Teil seines Lohnes einzahlte, um im Krankheitsfall abgesichert zu sein.

Bei der Einweihung des Innenraums der Sagrada Família im Jahr 2010 sagte Papst Benedikt: „Besonders bewegt hat mich die Sicherheit, mit der Gaudí angesichts der zahllosen Schwierigkeiten, die er bewältigen musste, voll Vertrauen auf die göttliche Vorsehung ausrief: ‚Der heilige Josef wird die Kirche vollenden.' In diesem Raum wollte Gaudí die Eingebung zusammenfassen, die er aus den drei großen Büchern erhielt, aus denen er als Mensch, als Gläubiger und als Architekt Nahrung zog: das Buch der Natur, das Buch der Heiligen Schrift und das Buch der Liturgie. So vereinte er die Wirklichkeit der Welt und die Heilsgeschichte, wie sie uns durch die Bibel berichtet und in der Liturgie vergegenwärtigt wird. Er nahm Steine, Bäume und menschliches Leben in den Sakralbau hinein, um die ganze Schöpfung auf das göttliche Lob auszurichten, aber gleichzeitig brachte er die Retabel hinaus, um den Menschen das Geheimnis Gottes vor Augen zu führen, das in der Geburt, im Leiden, im Tod und in der Auferstehung Jesu Christi offenbart wird."[13]

Gaudís Tod

Während der Zeit, in der er sich ausschließlich der Sagrada Família widmete, entwickelte er sich immer mehr zum Einzelgänger, war schweigsam, enthaltsam und lebte streng vegetarisch. Er trug Tag für Tag ärmliche Kleidung, war ungepflegt und sah aus wie ein Armer. Er entschied sich, auf die Ehe zu verzichten und nur noch für die Sagrada Família zu leben.

Eines der wenigen Fotos von Gaudí zeigt ihn als alten Mann mit weißem Bart und Haar bei einer Fronleichnamsprozession, eine Kerze in der Hand, einen Strohhut unterm Arm und einfache Schuhe an den Füßen. Am 7. Juni 1926 unternahm Gaudí am Spätnachmittag nach der Arbeit einen Spaziergang. Dabei erfasste ihn eine Straßenbahn, die ihn mitschleifte, bis er bewusstlos liegenblieb. In seinen Taschen fand man neben Rosinen und Erdnüssen eine zerknitterte Ausgabe des Evangeliums. Aufgrund seiner schäbigen Kleidung und weil man keine Ausweispapiere fand, wurde er zunächst für einen Obdachlosen gehalten. Daher weigerten sich Taxifahrer, ihn in ein Krankenhaus zu transportieren. Stunden später ließ ihn ein Polizist in das Armenhospital ‚Hospital de

13 Papst Benedikt XVI.: Gott ist der Maßstab des Menschen. Die Predigt des Heiligen Vaters bei der heiligen Messe mit Weihe der Kirche „Sagrada Família" in Barcelona am 7. November 2010, https://www.vatican.va/content/benedict-xvi/de/homilies/2010/documents/hf_ben-xvi_hom_20101107_barcelona.html (Stand: 14.2.2023).

la Santa Creu' bringen, wo er die Krankensalbung erhielt. Erst nach drei Tagen fanden ihn seine Mitarbeiter und ließen den 74-Jährigen in ein Privatzimmer bringen, wo er noch am selben Tag starb. Seine einzigen Worte nach dem Gebet eines Priesters waren ‚Amen' und ‚Mein Gott'.

Am 12. Juni gaben Tausende Gaudí die letzte Ehre. Der Trauerzug führte vom Krankenhaus über die alte Kathedrale durch die Stadt bis zur Sagrada Família, wo er in der Krypta beigesetzt wurde.

Nach dem Tod Gaudís wurden die Bauarbeiten immer wieder unterbrochen. Während des spanischen Bürgerkriegs zerstörten anarchistische Gruppen Teile der Fassade und der Krypta sowie Modelle und Pläne. Anhand rekonstruierter Modelle und mündlicher Überlieferungen wurden ab 1950 die Arbeiten wieder aufgenommen.

Seligsprechungsverfahren

Das Verfahren zur Seligsprechung Gaudís läuft immer noch. Im Zwielicht der Krypta ist neben seinem Grab eine Broschüre über den ‚Architekten Gottes' ausgelegt. Darin berichten Menschen, wie Gaudí ihre Gebete erhörte, dass sie wieder gesund wurden, einen neuen Job fanden oder sogar einen Architekturpreis erhielten. Die Herausgeber schreiben: „Während das Verfahren der Seligsprechung vorangeht, erfüllt Gaudí zahlreiche Wünsche frommer Menschen, die auf seine Fürbitte vor Gott vertrauen."[14]

---

14 Worthmann, Merthen: Total sakral, in: Die Zeit (24) 2010.

Beeindruckend ist die Geschichte des Japaners Etsuro Sotoo. Auf einer Bildungsreise kam der Zen-Buddhist und Bildhauer 1978 nach Barcelona und war von der Kirche und Gaudí überwältigt. Er fragte nach den ‚tiefsten Absichten‘ Gaudís, die sich hinter den Skulpturen und dem prachtvollen Bau verbergen mussten. Er begriff schließlich, dass dieser Architekt nicht beabsichtigte, sich ein Denkmal zu setzen, sondern Gott die Ehre geben wollte. 1989 ließ sich Sotoo taufen und arbeitete als Bildhauer an der Sagrada Família, wo er neun musizierende Engel für die Geburtsfassade schuf.

Quintin
Montgomery-Wright

„Zuerst stand ich in Verdacht, kein
wahrer Katholik zu sein. Jetzt werde ich
verdächtigt, zu sehr katholisch zu sein."

Ich bin auf Pfarrer Quintin Montgomery-Wright durch einen Artikel in der Zeitschrift GEO[1] aufmerksam geworden. Die bekannte ZEIT-Journalistin Nina Grunenberg berichtet darin von einem traditionalistischen Pfarrer, der in unvorstellbarer Armut seit 30 Jahren eine kleine Pfarrei in der Normandie betreut. Sein Wirken verbreitete sich unter Intellektuellen bis nach Paris, wo er als ‚klerikaler Asterix‘ angesehen wurde, der treu an der alten Messe festhielt. Er galt als Beispiel für ein Amtsverständnis, das auf eine feierliche Liturgie Wert legt, nahe bei den Menschen ist und eine aufsuchende Seelsorge betreibt. Solche Pfarrer sind mir immer wieder bei konservativen Priestern begegnet, die eingebettet in die Tradition ihren Glauben leben und verkündigen. Vielleicht idealisiere ich Quintin Montgomery-Wright und sehne mich nach einer heilen Vergangenheit, die es so nie gab. Aber es gibt eine Sehnsucht, ein Verlangen, das sich kaum stillen lässt: nach Menschen, die das Leben lebenswert machen, deren bloße Existenz zur Gewissheit führt, dass der Zweifel nicht siegt, dass, was immer auch geschieht, nichts sinnlos, sondern letztlich alles gut ist.[1]

---

1   Grunenberg, Nina: Der Abbé von Le Chamblac, in: GEO (5) 1986, 42–60.

J'ai maintenu, ich habe durchgehalten, steht es auf dem Grabstein des schottischen Pfarrers auf dem Friedhof des Dorfes Le Chamblac in der Normandie.

Quintin Montgomery-Wright wurde am 15. Juni 1914 als Sohn schottischer Vorfahren in Megavissey in Cornwall geboren. Britisch zu sein hat sein Leben geprägt. Schon in jungen Jahren wollte er Priester werden und so wurde er nach dem Studium in Cuddesdon und im Londoner Kings's College 1940 in der anglikanischen High-Church zum Priester geweiht.

Das Jahr 1944 markiert einen ersten Wendepunkt in seinem Leben: Montgomery-Wright begleitete eine kirchliche Jugendgruppe in ein Zeltlager, das im Dorf seiner Kindheit stattfand. Später erinnert er sich: „Als wir ankamen, wurde dort gerade der Film ‚Johnny Frenshman' gedreht, mit Francoise Rosay in der Hauptrolle. Die Jugendlichen dienten als Statisten, zusammen mit einer großen Anzahl belgischer und französischer Flüchtlinge, die in Cornwall lebten und jeden Tag zum Drehort gebracht wurden. Die Flüchtlinge waren bereit, auch am Sonntag zu kommen, vorausgesetzt, dass jemand für sie die Messe las.“[2] Als sie den anglikanischen Priester Montgomery-Wright darum baten, musste er ablehnen, er war ja kein katholischer Priester.

Das ‚römische Fieber'

Ihn hatte schon früh das ‚römische Fieber' ergriffen, „keine ungewöhnliche Krankheit bei den Anglikanern“, wie er selbst fand: „Es war nicht der Weihrauch, der mich anzog. Katholiken waren damals geheimnisvolle Leute, die an geheimnisvollen Orten geheimisvolle Riten prakti-

---

2   Zit. in Grunenberg: Der Abbé, 56.

zierten. Als Schuljunge hatte ich einmal eines nachmittags mit einem Freund eine kleine ‚richtige' katholische Kirche besucht, die abseits hinter einem Bahndamm lag und um 1914 für Einwanderer gebaut worden war. [...] Sie hatte in mir ein unauslöschliches Gefühl für die wirkliche Gegenwart Christi in der Eucharistie ausgelöst – und den großen Wunsch, Katholik zu werden. Ich wusste, dass da etwas war, dass in dieser Hostie Christus wirklich gegenwärtig war, und diese Überzeugung ist mir immer geblieben."[3]

Von 1940 an war er sechs Jahre als anglikanischer Pfarrer in Holy Trinity in London-Hoxton tätig, doch schon 1944 entschloss er sich, katholisch zu werden. 1946 trat er vom Pfarramt zurück und konvertierte zum Katholizismus. Seine anglikanische Familie reagierte entsetzt, denn mit Katholiken verkehrte man nicht. Die Mutter hatte seine katholischen Anwandlungen zunächst nicht ernst genommen. Als er mit Kruzifixen und Madonnenbildchen nach Hause kam, brach sie schließlich den Kontakt zum ‚verlorenen Sohn' ab. Sie wollte nichts Papistisches in ihrem Haus haben.

Auf dem Weg zum Priestertum

Zwei Jahre lang schlug sich Montgomery-Wright als Hilfsschullehrer durch, bevor er um Aufnahme ins katholische Priesterseminar von Westminster bat. Die Atmosphäre dort sagte ihm allerdings nicht zu. Bei seiner Arbeit als anglikanischer Pfarrer in einem Londoner Slumviertel hatte er die Not der Armen kennengelernt und war daher sozial sehr aufgeschlossen, was seine Professoren und Mitstudenten befremdete. Als eine befreundete französi-

---

3   Zit. in Fr. Montgomery Wright, 22.1.2016, https://www.youtube.com/watch?v=s-Vu2bkD6n9c, 8:17−9:44. (Stand: 10.2.2023) (Übers. A.S.).

sche Familie ihm ein Stipendium für das Priesterseminar in Bayeux verschaffte, fragte er bei seinem Erzbischof von Westminster um Erlaubnis, nach Frankreich zu gehen, in der Annahme, nach den Studien wieder nach England zurückkehren zu können. „Seine Eminenz segnete aber offensichtlich einen endgültigen Abschied nach Frankreich ab. Der erstaunte Seminarist konnte nur zustimmend den Kopf zu etwas beugen, was in seinen Augen nur ein Scherz der Vorsehung war. Er hat die Unterwerfung unter das, was er als den Willen Gottes ansah, nie bedauert"[4], so Montgomery-Wright später.

Ein ganz normaler Dorfpfarrer in der Normandie

1949 begann er mit dem Studium und wurde 1952 durch den Bischof von Evreux zum Priester geweiht. Montgomery-Wright fühlte sich berufen, den Armen als Arbeiterpriester zu dienen: Er schloss sich den kleinen Brüdern von Charles de Foucauld an und war auch in der Emmausbewegung von Abbé Pierre tätig. Er folgte dem radikalsozialistischen Ideal englischer Slumpriester aus der victorianischen Zeit. Es waren vier Jahre des Suchens, wobei ihn die Nähe mancher Arbeiterpriester zum Marxismus befremdete. Das war nicht sein Weg. „Die Metamorphose, die meine Mitstudenten aus dem Priesterseminar später machten, von den ‚Soutanenträgern' mit ihrer exemplarischen Frömmigkeit zu einer nachkonziliaren Priesterschaft, die stolz auf ihre Weltlichkeit war, habe ich nie mitmachen können."[5] 1956 wurde Montgomery-Wright in der Normandie seßhaft und erhielt die Pfarrei von Le Chamblac, La Trinité-de-Réville und La Roussière, 60 Kilometer entfernt von La Havre, mit tau-

4   Grunenberg: Der Abbé, 56.
5   A.a.O. 57.

send Gläubigen und drei alten normannischen Kirchen. Das Pfarrhaus mit einer Zwergschule war heruntergekommen und baufällig. Mit Hilfe der Dorfbewohner musste es erst renoviert werden. Mutter und Sohn hatten sich inzwischen versöhnt und sie half ihm im Dezember 1956 beim Einzug ins Pfarrhaus. Doch es war ein Schock für sie, wie heruntergekommen das Haus war. Dennoch wohnte sie bis zu ihrem Tod im Pfarrhaus. Sie starb über neunzigjährig als Katholikin. Quintin überführte ihren Leichnam in ihre alte Heimat nach Cornwall und stand allein an ihrem Grab, denn keine ihrer früheren Nachbarinnen mochte an einem katholischen Begräbnis teilnehmen.

„Ich wollte in die Kirche von damals, nicht in die heutige"

Zu Beginn war der neue Pfarrer noch modern und dem Zeitgeist angepasst: Als Anhänger der liturgischen Bewegung las er Anfang der Sechzigerjahre die Messe den Gläubigen zugewandt in der Landessprache mit Ausnahme des ‚Kyrie' ‚Gloria' und ‚Credo'. Mit der Liturgiereform des Konzils kam für ihn ein großes Umdenken: „Ich habe die Messe geliebt, aber als Mysterium, nicht als kommunikative Veranstaltung. Warum müssen nur immer die Reformer von den Extremisten mitgerissen werden? [...] Ich bin vor dem Konzil zum katholischen Glauben konvertiert. Ich wollte in die Kirche von damals, nicht in die heutige."[6] Nach dem Konzil begann er, die Messe wieder in traditioneller Form zu lesen. Nach dem Zweiten Vatikanischen Konzil wollte die Kirche verstanden werden – die lateinische Messe durfte ab 1970 nur

---

6 Ebd.

noch mit Genehmigung eines Bischofs gefeiert werden und war fast verschwunden. Für Montgomery-Wright konnte nicht sein, dass etwas, was gestern das Heiligste war, auf einmal nicht mehr gilt. Und so zog er sonntags wieder feierlich in die Kirche ein. Die Segnung der Gemeinde mit Weihwasser war kein symbolischer Akt, sondern eine Dusche. Er zelebrierte die Messe wieder mit dem Rücken zur Gemeinde, betete in Latein und legte die Hostie den knienden Gläubigen auf die Zunge. Regelmäßig kam auch Weihrauch zum Einsatz.

Ein wahrer Menschenfischer

Während in den Nachbargemeinden die Zahl der Messbesucher nach dem Zweiten Vatikanischen Konzil dramatisch sank, blieb sie bei Montgomery-Wright konstant bei etwa 120 Gläubigen. Nur zwei Familien wanderten aus der Gemeinde aus, um die Messe nach dem neuen Ritus zu feiern, ansonsten besuchten alle Gläubige, die in den Fünfzigerjahren in den Gottesdienst gegangen waren, weiterhin seine Messe.

Was machte die Anziehungskraft dieses Dorfpfarrers aus? Wie kam es dazu, dass er eine sterbende Pfarrei sogar zu neuer Blüte erweckte und über die Gemeindegrenzen hinaus in ganz Frankreich bekannt machte bis hin zu Pariser Intellektuellen?

Sein Beharren auf der Überlieferung, sein gelebter Glaube, seine Dynamik und die Liebe zu den Mitmenschen zogen die Menschen an. Le Chamblac blühte nicht, weil die Art und Weise, wie er die Liturgie feierte, die ästhetische Sensibilität der Gläubigen vor Ort ansprach, sondern weil der Glaube, den Montgomery-Wright lehrte und praktizierte, für ihr Leben wesentlich war. Er war ein Original und ging auf die Menschen zu. Dafür wurde er geliebt und bewundert von Katholiken und Nicht-Katholiken. Bei seiner Beerdigung folgten 700 Menschen seinem Sarg. Er war ein wirklicher Hirte.

Montgomery-Wright sah Frankreich aus der Sicht eines englischen Gentleman, wobei er sich manches exzentrische Verhalten leistete: Zum Zeitunglesen benutzte er einen Monokel, er trug wie selbstverständlich jeden Tag Soutane und Birett und führte oft einen riesigen Regenschirm mit sich.

Zeit seines Lebens sprach er Französisch mit stark englischem Akzent, was seine Predigten oft schwer verständlich machte. Nach dem Beten des lateinischen Breviers hörte er am Morgen die Nachrichten der BBC. Es gibt ein Foto von ihm, das ihn abends im Bett zeigt, angetan mit einer Schlafmütze und mit einem riesigen Rosenkranz in den Händen. Neben ihm stehen ein Transistorradio und ein Stoffhund. Ob er vor dem Einschlafen noch einmal BBC gehört hat? Oder Radio Vatikan? Sonntags nach der Messe jedenfalls gab es statt Kaffee Brandy und Scotch.

Er war ein eifriger Priester, der sonntags drei Messen feierte, werktags täglich die Messe las und wöchentlich den Katechismus erteilte. Jeden Sonntagabend fuhr er ins 90 Kilometer entfernte Alencon, um in einem städtischen Saal die ‚alte‘ Messe zu lesen. Der Zutritt zu den vielen leerstehenden Kirchen in der Normandie wurde ihm verwehrt. Er war gefragt bei Taufen und Hochzeiten. Er mischte sich gerne unter das Volk, sei es beim Einkaufen auf dem Markt, auf den Schlössern der lokalen Adligen, die er wieder zum Kirchgang bewegen konnte, bei Familienfeiern oder bei Krankenbesuchen. Er liebte die Gegend um Chamblac mit ihrem Klima, das ähnlich wie in Süd-England war, mit ihren Apfelbäumen und Kühen.

Die Türen des Pfarrhauses waren stets offen. Montgomery-Wright wohnte dort zusammen mit Christian, der aufgrund seines Down-Syndroms eigentlich in ein Heim gemusst hätte. Der Priester hatte ihm dies erspart und nun ging er ihm im Pfarrhaus zur Hand.

Oft kamen Gläubige von weither, um einige Tage bei ihm in seinem großen Pfarrhaus zu wohnen und mit ihm das Leben zu teilen. Dann saßen sie zusammen in der Küche, wo neben Kruzifixen und Engeln Jesus- und Marienstatuen standen und sich Gesang- und Gebetbücher stapelten. Mit der Zeit verbreitete sich der Ruf des traditionellen Dorfpfarrers bis in die Hauptstadt, sodass an den Wochenenden Menschen aus Paris in Scharen in ihre normannischen Häuser fuhren und bei ihm die Messe besuchten. Darunter waren auch Besucher, die auf der Suche nach einer schönen Liturgie umherreisten. Montgomery-Wrights Originalität sowie sein antiintellektueller Eigensinn und Humor zogen die Menschen an, aber auch sein unbeirrbarer Glaube und seine Treue zur Überlieferung. Sein Traditionalismus war einfach die Fortsetzung dessen, was Dorfpfarrer auf dem Land immer getan hatten. Es gab für ihn keinen Grund, das über Bord zu werfen, was er jahrzehntelang praktiziert hatte, am wenigsten, um einigen römischen Liturgieexperten zu gefallen.

Ein ‚klerikaler Asterix‘

Er wurde zum ‚klerikalen Asterix‘, der allen liturgischen und theologischen Neuerungen trotzte. Während andere Priester ihre kostbaren Messgewänder und Heiligenstatuen zum Trödler, auf den Flohmarkt oder zum Auktionator trugen, sammelte er in riesigen Truhen und Schränken über 250 kunstvoll bestickte Gewänder, die ihm geschenkt wurden. Zu den Festtagen trug er seine mit Gold und Silber bestickten Samt- und Seidenalben und Stolen in den feierlichen Gottesdiensten mit zahlreichen Messdienern, die blaue Dalmatiken trugen. Die Messen, die er feierte, waren weniger zeremoniell als bei den Traditionalisten. Dabei passte er die Liturgie den pastoralen Bedürfnissen an: War kein Chor zur Stelle, sang er selbst die Passagen, kannten die Gläubigen die lateinischen Hymnen nicht, so ließ er sie auf französisch singen. Er hatte eindeutig ein lebendiges Gespür dafür, wie man Liturgie feiert. Er trug auch immer die Soutane, sodass er als Pfarrer angesprochen werden konnte. Daher redeten die Leute auch gerne mit ihm über Gott und die Welt.

Samstags hörte er Beichte und übte mit dem kleinen Kirchenchor den gregorianischen Choral. Später schmückte er seine drei Kirchen mit Blumen aus dem Pfarrgarten, legte die liturgischen Priestergewänder und Messdieneralben bereit, entstaubte die Heiligenstatuen und fegte den Boden, um das Haus Gottes in Schönheit und Glanz erstrahlen zu lassen. Jeden Sonntag nach den drei Messen zählte er die spärliche Kollekte in einzelne Keksdosen: eine Hälfte für den Bischof, die andere Hälfte für sich selbst, um arm wie George Bernanos' Landpfarrer zu leben.

In den letzten Jahren seines Lebens versah er seinen Dienst unter Bischof Jacques Gaillot (1982–1995), der über die Bistumsgrenzen bekannt war für seine unorthodoxen Ansichten zur Homosexualität und zum Zölibat und aus diesem Grund 1995 von Rom zum Amtsverzicht aufgefordert wurde. Montgomery-Wright und er hatten stillschweigend ein Abkommen geschlossen, einander zu tolerieren. Gaillot bereitete ihm keine Schwierigkeiten für das, was andere Priester die ‚Le Chamblac-Unregelmäßigkeit' nannten. Montgomery-Wright erzählte seinen Freunden oft, dass – obwohl er und Gaillot theologisch Gegenpole waren – der Bischof ihm gegenüber immer freundlich und verständnisvoll war. Nur gelegentlich wurde er aufgefordert, auf die ‚Linie der Diözese einzuschwenken'. Bei einer solchen Gelegenheit sagte Montgomery-Wright: „Hochwürden, als ich zuerst nach Le Chamblac kam, stand ich unter Verdacht, kein wahrer Katholik zu sein. Jetzt werde ich verdächtigt, zu sehr katholisch zu sein." Das Thema wurde daraufhin nie mehr angesprochen. Es ist erstaunlich, dass Montgomery-Wright keinerlei kirchenrechtliche Sanktionen erleiden musste. Über das Verhältnis zu ‚seinem' Bischof sagte er: „Ich verstehe mich gut mit meinem Bischof, ich mag nur manches nicht, was er tut. Aber ich bin kein Unruhestifter."

Er mochte Erzbischof Lefèvbre, ließ sich aber von keinem vereinnahmen. Er hatte wenig Verständnis für die dialektischen Gegensätze zwischen ‚uns und ihnen' oder ‚alles oder nichts'. Zu Firmungen jedenfalls lud er Erzbischof Lefèbvre oder einen von ihm geweihten Bischof ein, der sich mit den alten Riten auskannte.

Tragischer Tod

Quintin Montgomery-Wright erlitt im Oktober 1996 einen schrecklichen Autounfall. Sein Mitbewohner Christian starb sofort, der Priester wurde schwer verletzt. Dennoch wurde er vom Krankenhaus in Bernay und Lisieux nach Brémien, dem Seniorenheim Notre Dame der Priesterbruderschaft Pius X (FSSPX), verlegt, wo er am 26. November starb. Neun Tage vor seinem Tod sprach er von seinem vierzigjährigen Dienst als Priester die Worte: „J'ai maintentu." Seine letzte Ruhestätte fand er in der Ecke auf dem Friedhof zwischen dem Querschiff und dem Chor der Kirche von Le Chamblac, die er liebte.

Das Ende der blühenden Pfarrei von Le Chamblac ist traurig. Gegen den Willen der Gemeinde verbot der damalige Bischof David 1997 die alte Messe und gestaltete die Kirche nach der neuen Liturgie um. Angebote der Gemeinde, die Messe durch Priester der Piusbruderschaft lesen zu lassen, wurden abgelehnt. Daraufhin nahm der Messbesuch dramatisch ab, aus einer blühenden Gemeinde wurde eine sterbende.

Warum lohnt es sich, an diesen Dorfpfarrer zu erinnern? Er stärkte durch die fromm und feierlich gefeierte Messe, durch das eifrige Bemühen um die Menschen in Katechese und Hausbesuchen und durch sein Vorbild den Glauben seiner Pfarrei. Er vermittelte, dass Katholischsein den ganzen Alltag durchdringen kann, und viele machten den Glauben zu einem wesentlichen Bestandteil ihres Lebens. Dabei galt: Es kommt nicht auf die hervorragende Ausführung einer Liturgie an, sondern auf die Treue zu Christus in der Liturgie.

Elisabeth Gnauck-Kühne

„So wurde ich Frauenrechtlerin und gelobte mir, das Leben meiner Geschlechtsgenossinnen möglichst zu erleichtern."

Die ‚Frauenfrage' wird in der katholischen Kirche schon seit Längerem diskutiert: Sei es z.B. die Frage nach dem Zugang von Frauen zum Priesteramt, sei es die Frage um eine geschlechtersensible Sprache in der Liturgie. Die Bedeutung von Frauen im christlichen Alltag wird zu wenig gewürdigt, z.B. in der Rolle als Glaubensvermittlerin in der Familie. So erinnere ich mich an meine Oma, die beim Aufschneiden eines Brotes immer ein Kreuzzeichen über den Brotlaib zeichnete oder bei Besuchen zum Abschied ein Kreuz auf der Stirn machte. Für die religiöse Bildung war meine Mutter zuständig und ich erinnere mich an die Katechese am Küchentisch. Später hatte ich bei Aufenthalten in Klöstern viele Kontakte mit außergewöhnlichen Nonnen, die in ihrem Verhalten und ihrer Ausstrahlung für mich die Liebe Gottes spiegelten. So habe ich viele Frauen als beeindruckende Seelsorgerinnen erlebt, auch ohne ein offizielles, kirchliches Amt zu bekleiden.

Die evangelische Theologin Elisabeth Moltmann-Wendel schrieb 1988: „Wer ist Elisabeth Gnauck-Kühne, die um 1900 Schlagzeilen machte, und die heute kein großes theologisches Lexikon mehr erwähnt? [...] Sie gehört zu den unsichtbaren Frauen der Kirche, ohne deren sichtbare Werke die Kirchen nicht zu denken sind. Sozialwissenschaften, die sie betrieb, veralten schnell. Frauenfragen, die sie bewegte, haben einen neuen Schwerpunkt bekommen. Sie hat sich zudem jeder Institutionalisierung entzogen – genug Gründe, nicht auf sie aufmerksam geworden zu sein."[1]

Hat sich etwas geändert seither? Leider nein, Elisabeth Gnauck-Kühne ist weiterhin vergessen. Ein Grund mehr, auf diese außergewöhnliche Frau und ihr Werk aufmerksam zu machen. Denn sie war eine der ersten, die die Frauenrechte und die soziale Lage von Arbeiterinnen in Kirche und Gesellschaft thematisierte.

Im Juni 1895 berichteten deutsche Tageszeitungen darüber, dass Elisabeth Gnauck-Kühne auf dem Evangelisch-sozialen Kongress in Erfurt das Hauptreferat halten solle. Das war eine Sensation, weil Frauen damals weder studieren noch ins Parlament gewählt werden durften. Fünf Jahre später, im März 1900, berichtete die Presse abermals in großer Aufmachung, dass Elisabeth Gnauck-Kühne vom Protestantismus zum Katholizismus konvertiert sei. Die Öffentlichkeit reagierte hierauf überrascht und mit einigem Unverständnis.

---

1   Moltmann-Wendel, Elisabeth: Eine Frau zwischen den Konfessionen. Die Sozialpolitikerin Elisabeth Gnauck-Kühne (1850–1917), in Häring, Hermann: Gegenentwürfe, München 1988, 255–267, hier 255.

Erfolgreiche Schulleiterin

Welche Persönlichkeit verbirgt sich hinter diesen Schlagzeilen? Wer war Elisabeth Gnauck-Kühne? Lohnt es sich, an diese Frau zu erinnern, die vor über 100 Jahren starb?

Elisabeth Kühne wurde am 2. Januar 1850 in Vechelde im Herzogtum Braunschweig als Tochter eines Staatsanwaltes geboren. Nach der Ausbildung zur Lehrerin arbeitete sie einige Jahre als Hauslehrerin in London und Paris. Dort konnte sie ihre Sprachkenntnisse erweitern und fremde Kulturen kennenlernen. Mit 25 Jahren gründete die engagierte junge Frau mit ihrer Schwester in Blankenburg im Harz ein Erziehungsinstitut für ‚Töchter höherer Stände'. Es war eine exklusive Mädchenschule, die für 25 Töchter der besseren Gesellschaft offenstand. „Ich hatte in Blankenburg ein Lehrinstitut gegründet, das schnell aufblühte, und lebte der Ausübung des Berufes, dem ich mich, von der Welt abgeschieden, ganz ergeben hatte. Solange die festen Berufsgrenzen und der gewachsene heimatliche Boden mich trugen, und ich die Atmosphäre eines ehrbaren, sittlich ernsten Hauses atmete, merkte ich die langsame innere Verarmung nicht."[2]

Als Schulleiterin war sie beruflich und finanziell unabhängig, was damals außergewöhnlich war. Bis zu ihrer Heirat mit dem Berliner Nervenarzt Rudolf Gnauck im Jahr 1888 leitete sie 13 Jahre lang ihr Institut. Die Ehe scheiterte nach kürzester Zeit. Bereits nach vier Monaten verlangte die 38-Jährige die Scheidung, die 1890 erfolgte. Die meisten Biografen vermuten, dass ‚Brutalität' und

---

2 Gnauck-Kühne, Elisabeth: Aufzeichnungen zum Glaubenswechsel, in: Digitale Quellenedition Konversionserzählungen, hg. von Gesine Carl und Angelika Schaser, 21.8.2008, https://www.konversionen.uni-hamburg.de/receive/def_webpage_00000013 (Stand: 13.5.2023).

‚Treulosigkeit' des Ehemannes der Trennungsgrund waren, jedenfalls wurde er als ‚alleinschuldig' verurteilt.

Warum die so selbstständige Frau überhaupt eine Ehe einging, bleibt ein Rätsel. Trotz dieser negativen Erfahrung pries sie später in wissenschaftlichen Beiträgen die bürgerliche Ehe als Familienideal. Es ist zu vermuten, dass sie mit ihrer eigenen Ehe diesem Ideal entsprechen wollte. Dass sie damit scheiterte, empfand Elisabeth Gnauck-Kühne als großen Einschnitt und ersten Wendepunkt in ihrem Leben, was sie noch jahrelang beschäftigte.

Nach der Scheidung konnte sie nicht mehr als Schulleiterin arbeiten, weil die damaligen gesellschaftlichen Konventionen geschiedene Frauen ächteten. Sie lebte in einer Zeit, in der eine bürgerliche Frau von Beruf Gattin war und ohne Zustimmung ihres Mannes weder einem Broterwerb nachgehen noch über ihr Geld verfügen noch ihren Wohnort selbst bestimmen durfte.

Doch Elisabeth Gnauck-Kühne ließ sich nicht entmutigen. Die Ohnmacht, die sie aufgrund der rechtlichen Situation während des Scheidungsprozesses erlebt hatte, motivierte sie, sich zunächst für die rechtliche Besserstellung von Ehefrauen einzusetzen. Sie wurde aufgrund persönlicher Erfahrungen zur Frauenrechtlerin.

Studium

Obwohl sie sich nach der Scheidung einsam und verletzt fühlte, verfiel sie nicht in Selbstmitleid und Resignation. Stattdessen setzte sie sich zum Ziel, Volkswirtschaft zu studieren. Unter damaligen Verhältnissen war dieser Wunsch nicht zu verwirklichen. Denn sie hatte weder Abitur noch wurden Frauen zum Studium zugelassen. Das schreckte sie freilich nicht ab und so erwarb sie in einem von Helene Lange eingerichteten ‚Realkurs' erst einmal die Voraussetzung zum Studieren.

Mehrere Eingaben des Allgemeinen Deutschen Frauenvereins, Frauen zum Studium zuzulassen, lehnte der Reichstag ab. Das forderte die Kämpferin Elisabeth Gnauck-Kühne heraus, sich nun für das allgemeine Frauenstudium einzusetzen, indem sie 1891 ihre erste ‚Streitschrift' veröffentlichte. Dabei argumentierte sie nicht mit der rechtlichen Gleichstellung von Mann und Frau, sondern mit statistischen Fakten. Damals gab es im Deutschen Reich einen Überschuss an Frauen, denen eine Eheschließung und eheliche Versorgung unmöglich war. Deshalb müssten Frauen – so ihr Gedanke – in der Lage sein, zu studieren, um gut ausgebildet einer bezahlten Erwerbstätigkeit nachgehen zu können. Im Fokus ihrer damaligen Argumentation stand die ‚bürgerliche' Frau, die schwierige Lage von Arbeiterinnen blieb unbeachtet.

Durch ihre Veröffentlichung wurde der Berliner Nationalökonom Gustav Schmoller auf die unbekannte Verfasserin aufmerksam, der ihr daraufhin Privatunterricht erteilte. Sie muss eine umtriebige und resolute Frau gewesen sein, denn 1895 erhielt sie eine Sondergenehmigung, als erste Frau offiziell an seinen Seminaren teilnehmen zu können.

Die ökonomischen Studien schärften ihren Blick für weitere soziale Probleme von Frauen: die Lebens- und Arbeitsbedingungen von Fabrikarbeiterinnen, die für sie als Bürgerliche eine völlig unbekannte Welt waren. Um die harten Arbeitsbedingungen des weiblichen Proletariats hautnah mitzuerleben, arbeitete Elisabeth Gnauck-Kühne 1894 sogar für einige Wochen in einer Berliner Kartonagenfabrik.

Entwicklung zur Frauenrechtlerin

Im Rückblick erinnerte sie sich: „Die Summe des äußern Lebensschicksals zog ich dahin, daß das Recht der Frau gestützt werden müsse. So wurde ich mit vollem Bewußtsein und öffentlich, was ich instinktiv bereits gewesen war, Frauenrechtlerin, und gelobte mir, das Leben meiner Geschlechtsgenossinnen möglichst zu erleichtern, für ihr Recht und Brot, für Bildung, Gesetzesschutz tunlichst einzutreten, ihnen den Dornenweg, den ich hatte gehen müssen, zu erleichtern."[3]

Die bürgerliche Frauenfrage um rechtliche Besserstellung und Zulassung zum Studium führte Gnauck-Kühne zur Frauenfrage der Arbeiterinnen. Seit 1894 leitete sie als überzeugte Christin die von ihr gegründete evangelisch-soziale Frauengruppe in Berlin und engagierte sich in der evangelischen Frauenbewegung. Sie forderte für die Arbeiterinnen eine gerechtere, leistungsbezogene Entlohnung ihrer Arbeit nach dem Prinzip ‚gleicher Lohn für gleiche Arbeit', um die Abhängigkeit von ihren Ehemännern zu verringern.

Großes Aufsehen erregte Elisabeth Gnauck-Kühne 1895 mit ihrer Rede über „Die soziale Frage der Frau" auf dem 6. Evangelisch-Sozialen Kongress in Erfurt, wo sie als erste Frau öffentlich das Wort ergriff. Sie forderte das Recht der Frauen auf Arbeit, Bildung und Selbstorganisation. Wohltätigkeit war ihr zu wenig. Nachfolge Christi bedeutete für sie, Hilfe zur Selbsthilfe zu geben. Von einem betont christlichen Standpunkt verband sie die Frauenfrage mit der sozialen Frage. Mit ihren Ausführungen fand die Frauenrechtlerin auch über die protestantische Öffentlichkeit hinaus starke Beachtung.

---

3 Ebd.

Später erinnerte sie sich: „Als ich 1895 in Erfurt reden sollte, wollte das Aktionskomitee, daß ich nur die Arbeiterinnenfrage behandele. Ich erklärte bestimmt, ich würde auch die bürgerliche Frauenfrage behandeln. Große Verstimmung. Ich blieb aber fest. Ja, ja, vor der eigenen Tür kehren die Herren nicht gern, sie selbst wollen ihre Ansichten und Beziehungen nicht ändern, nur in der Arbeiterklasse soll das Weib anders gestellt werden."[4]

Sie nahm auch Kontakt auf mit Vertreterinnen aus der Sozialdemokratie, den Gewerkschaften und sogar mit Frauen aus der sozialistischen Frauenbewegung wie Clara Zetkin auf. Berührungsängste waren ihr fremd.

Lebenskrise und Konversion

1897 erlitt Elisabeth Gnauck-Kühne einen Nervenzusammenbruch. Sie hatte sich zuviel zugemutet mit Studium, Reden, Artikeln, Versammlungen und ihren Engagements bei Streiks. Heute würde man von einem ‚Burnout' sprechen.

Sie fühlte sich in einer Lebenskrise und fragte sich sogar, ob sie ihr soziales Engagement fortsetzen oder lieber Schriftstellerin werden solle. Als Ursache für diese Sinnkrise erkannte sie die nicht verarbeiteten Folgen der Erlebnisse in ihrer Ehe. In einem Brief schrieb sie: „Es ist bei mir alles im Flusse. Vor zwölf Jahren war ich eine gefestigte Persönlichkeit. [...] Ich zog das schwerste Los mit meiner Verheiratung. [...] Nicht als ob ich kein Leid hätte tragen wollen aber dies nicht, dies eine nicht, alles andere eher. Nun wollte ich selbst die Wahrheit finden. Nicht glauben; erkennen. Das Herz schrie in seiner Not, ich betäubte es durch Arbeit."[5]

---

4 Ebd.
5 Ebd.

In dieser als Sinnkrise empfundenen Zeit, die sie als ,Heimatlosigkeit' ihres Lebens beklagte, kam sie mit dem Katholizismus in Berührung. Ein weiterer Wendepunkt in ihrem Leben kündigte sich an. Erstmalig in der Frauenbewegung thematisierte sie Fragen weiblicher Spiritualität. Ihre Suche nach spiritueller Tiefe und Geborgenheit führte sie zum Katholizismus.

Für Außenstehende überraschend konvertierte sie im März 1900 bei dem Redemptoristenpater Augustin Rösler ,vom kahlen Armenhaus Protestantismus' zum ,reichen Palast Katholizismus', wie sie ausführte. Über die Beweggründe zur Konversion schrieb Elisabeth Gnauck-Kühne in ihren ,Aufzeichnungen zum Glaubenswechsel': „Als ich meine Initiative wiederfand, war ich 49 Jahre alt. Entkirchlicht, dem Protestantismus innerlich fremd. Was mich zuerst zurückstieß, war der Mangel an Schönheit der Lehre. Auch fand ich mich in dem Gewirr von Meinungen nicht mehr zurecht. Was der eine Geistliche lehrt, wird von einem andern verworfen."[6]

Die Konversion der bekannten Publizistin und Frauenrechtlerin geriet in protestantischen Kreisen zum öffentlichen Skandal. Von Protestanten wurde ihr ,Unwissenschaftlichkeit und katholische Engstirnigkeit' vorgeworfen, obwohl Gnauck-Kühne ihre im Protestantismus entwickelten Ansichten auch nach der Konversion vertrat.

Am Katholizismus schätzte Elisabeth Gnauck-Kühne besonders die Ehelosigkeit als geachtete Lebensform, während es – nach ihrer Ansicht – im Protestantismus nur ,Ehefrauen und unfrohe alte Jungfern' gab. Dies war für sie als geschiedene, alleinstehende Frau ein Grund für

---

6   Ebd.

die Konversion, neben dem katholischen Autoritätsprinzip, das Verlässlichkeit und Geborgenheit bot. Die katholische Kirche blieb ihr eine ‚warme, zeugende Kraft‘, wie sie einmal bekannte.

Ihre Konversion rechtfertigte sie mit den Worten: „Schließlich bekenne ich freudig, dass ich als alleinstehende Frau neuen Lebensmut und eine ungekannte Lebensfreude der Zugehörigkeit zu einer festen verlässlichen Gemeinschaft finde, die zwar fordert, dafür aber auch hält, hebt, trägt, sorgt."[7]

Ihre hohen Erwartungen wurden ernüchtert: Ihre Positionen zur Emanzipation der Frau und ihr Engagement für die Arbeiterschaft ernteten Widerspruch in katholischen Kreisen. Dennoch blieb sie bis zu ihrem Tode eine treue Katholikin.

Weiterer Lebensweg

Nach ihrer Konversion lebte sie einige Monate im Kloster der Josephsschwestern in Trier und trug sich mit dem Gedanken, ins Kloster einzutreten. **Wie viele andere Frauenrechtlerinnen** sehnte sie sich nach einer Lebensgemeinschaft mit anderen Frauen. So hoffte sie nach ihrer Scheidung darauf, ihre Schwester möge mit ihr zusammenziehen, was diese aber ablehnte. In einem Brief schrieb sie: „Ich habe nach Gemeinschaft gesucht, und keine gefunden. [...] Ich habe meiner Schwester angeboten: Komm zu mir. Sie wollte nicht. So bin ich einsamer und einsamer geworden."[8]

---

7 Zit. in Baumann, Ursula: Protestantismus und Frauenemanzipation in Deutschland, Frankfurt 1992, 97.
8 Gnauck-Kühne, Elisabeth: Brief vom 16.8.1899, in: Archiv des KDFB, Nachlass Gnauck-Kühne, 1-109-10.

Schließlich kehrte sie wieder zurück ins heimatliche Blankenburg und fand 1905 mit Ida Ernst (1874–1965) eine Freundin, die bei ihr einzog. Die 24 Jahre jüngere Frau übernahm den Haushalt, kümmerte sich um den Schriftverkehr und wurde zur engen Vertrauten.

Frauenbild und Engagement

Elisabeth Gnauck-Kühne entwickelte ein idealtypisches Frauenbild, das bis weit in die 1950er-Jahre in der katholischen Kirche Bestand hatte. Sie sah in der Mutterschaft die zentrale Bestimmung der Frauen, was sich in Selbstaufgabe und Opferbereitschaft ausdrücke. Doch zugleich sah sie die Erwerbstätigkeit als lebensnotwendige Realität für viele Frauen. Im beruflichen Alltag sollte es keine Unterordnung der Frau unter dem Mann geben. Anders hingegen in der Ehe: Hier hielt sie an der Unterordnung fest.

Gnauck-Kühnes Haltung zur Geschlechterfrage war somit paradox: Einerseits lehnte sie im Beruf die soziale Unterordnung der Frauen unter den Mann ab, da die Erwerbstätigkeit Selbstständigkeit und Unabhängigkeit erfordere. Andererseits akzeptierte sie in Ehe und Familie die Führungsrolle des Mannes, die sie mit dem naturgegebenen Schutz- und Unterstützungsbedürfnis der Frauen begründete.

Gleichzeitig argumentierte sie theologisch gegen die These von der Minderwertigkeit der Frau: „Wäre eins der beiden Geschlechter die absolute Norm, so wäre Abweichung von der Norm Unvollkommenheit. [...] Wir kommen der Wahrheit näher, wenn wir keines der beiden Geschlechter als absoluten Maßstab setzen. Mann und Weib sind zwei verschiedene Verkörperungen der göttlichen Menschheitsidee; verschieden, damit sie sich ergänzen."[9]

Elisabeth Gnauck-Kühne war wesentlich am Aufbau der katholischen Frauenbewegung beteiligt, ohne jedoch Leitungsfunktionen zu übernehmen. Sie knüpfte ab 1903 enge Kontakte mit den Gründerinnen des Katholischen Frauenbundes, die sich dafür einsetzten, die Lebensbedingungen von Frauen zu verbessern und die Frauenfrage in Kirche und Gesellschaft zu thematisieren.

1904 veröffentlichte die ‚erste deutsche Sozialpolitikerin‘, wie Helene Weber Elisabeth Gnauck-Kühne nannte, ihr Hauptwerk: ‚Die deutsche Frau um die Jahrhundertwende‘. Unter Verwendung statistischer Methoden untersuchte sie streng wissenschaftlich die Lebensverhältnisse von Frauen und zog daraus Konsequenzen. Elisabeth Gnauck-Kühne sah zwar in Mutterschaft und Ehe die Lebenserfüllung von Frauen, wie sie im Vorwort schrieb. Da jedoch Mutterschaft und Ehe statistisch nur einen kurzen Lebensabschnitt von Frauen ausmachten, forderte sie, dass es für Frauen auch möglich sein sollte, eine befriedigende Berufstätigkeit auszuüben. Sie sah die weibliche Berufstätigkeit grundsätzlich positiv, ohne sie als Voraussetzung für die Frauenemanzipation anzusehen. Die Frauenrechtlerin plädierte sogar für eine Art ‚Drei-Phasen-Modell‘ mit Erwerbsleben vor und nach einer Mütterzeit. Durch einen Beruf sollte Frauen auch eine Lebensalternative zur Ehe geboten werden.

Dafür forderte sie als Voraussetzung eine gute Berufsausbildung: „Soll der Schutz des weiblichen Geschlechts nicht Züchtigung der Mittelmäßigkeit werden, so muss es in allen Schichten zu gelernter Arbeit tüchtig gemacht

---

9   Gnauck-Kühne, Elisabeth: Die Deutsche Frau um die Jahrhundertwende. Statistische Studie zur Frauenfrage, Berlin [2]1907, 4f.

werden. Das Mädchen muss, so gut wie der Knabe, eine Arbeit berufsmäßig erlernen."[10]

Gnauck-Kühne trat in ihrem Hauptwerk auch für eine angemessene Altersversorgung von Frauen ein, da diese meist länger lebten als Männer. Sie blieb als Katholikin in Kontakt mit der evangelischen Frauenbewegung, was in einer Zeit scharfer Konfessionsgegensätze und Abgrenzung ungewöhnlich war. In ihrer Arbeit verband sie Protestantismus und Katholizismus. Sie kann somit auch als Pionierin der Ökumene angesehen werden.

Natürlich war Elisabeth Gnauck-Kühne auch ein Kind ihrer Zeit. Dem aktiven und passiven Wahlrecht für Frauen stand sie skeptisch gegenüber. Bei Ausbruch des Krieges 1914 wurde sie von nationaler Begeisterung erfasst. Sie sprach sich gegen die französische Mode aus und forderte eine deutsche Frauenmode, um sich gegen französische Einflüsse zu wehren.

Elisabeth Gnauck-Kühne blieb eine universitäre Karriere versagt. Stattdessen behandelte sie bis zu ihrem Tod am 12. April 1917 in Publikationen und Vorträgen unermüdlich Frauenrechte und soziale Fragen.

Sie war die erste deutsche Nationalökonomin, daneben Sozialpolitikerin, Frauenrechtlerin und Mitbegründerin der evangelischen und katholischen Frauenbewegung. Als überzeugte Christin trug sie wesentlich dazu bei, Ideen und Ziele der Frauenbewegung und soziale Fragen in Kirche und Gesellschaft zu tragen. Die Erfolge der Emanzipation von Frauen und der Stand heutiger Sozialpolitik beruhen auf dem mutigen Einsatz vieler engagierter Frauen. Elisabeth Gnauck-Kühne war eine von ihnen.

---

10 Gnauck-Kühne: Die Deutsche Frau, 165.

Leonhard Adler

„Von der besonderen Gnade Gottes,
der Abstammung nach ein Jude zu sein,
da man dadurch dem Erlöser
desto näher steht."

*Beim sonntäglichen familiären Kaffee-
trinken in Berlin-Neukölln, kam immer
wieder der Moment, wo Flugzeuge im
Tiefflug über das Haus zum Flughafen
Tempelhof donnerten, sodass kein Gespräch mehr möglich war. Als Ende Oktober 2008 Tempelhof geschlossen wurde,
war es damit vorbei. Aber mein Interesse
an der Geschichte des Flughafens war geweckt. In einem Zeitungsartikel verwies
der Autor auf den Gründer Leonhard
Adler, der mir bis dahin völlig unbekannt
war. „Ohne Leonhard Adler hätte es den
Flughafen nie gegeben. Denn der setzte
Anfang der 20er-Jahre den Bau mit List
und Ausdauer durch. […] Er stammte aus
einer jüdisch-österreichischen Industriel-
lenfamilie, wuchs in Wien auf und wandte
sich dem Maschinenbau und der Elektrotechnik zu. Religiös legte er einen langen
Weg zurück: Erst konvertierte er zum evangelischen Glauben, dann zum katholischen. […] Wer aber kennt heute noch
Leonhard Adler?"[1]
Als ich mich mit Leonhard Adler beschäftigte, entdeckte ich einen Menschen voller
Leidenschaft, Geradlinigkeit und Konse-
quenz, aber auch einen Lebenslauf voller
Brüche und vieler Umwege, der nicht vergessen werden sollte.*

---

1   Schmid, Thomas: Klägliches Ende eines großen Traumes,
    in: Die Welt, 30.10.2008.

Als Jude in Italien geboren, zum Katholizismus konvertiert, erster katholischer Stadtrat in Berlin, vor den Nazis nach Italien emigriert, sich in Libyen vor den Faschisten versteckt, nach dem Krieg ins Kloster eingetreten, 1956 zum Priester geweiht. Was für ein Lebenslauf! Was für ein Mensch verbirgt sich dahinter?

Leonhard Adler wurde als Kind einer jüdisch-österreichischen Familie am 4. August 1882 in Mailand geboren. Der Vater starb früh. Als Leonhard 13 Jahre alt war, zog die Familie nach Wien, wo er später Maschinenbau und Elektrotechnik studierte. 1905 beendete er das Studium als Diplomingenieur und promovierte anschließend. Er lehrte als Dozent an der technischen Hochschule in Brünn und arbeitete am Bau von Schweizer Wasserkraftwerken und elektrischen Bahnen in Österreich mit. Dann wurde die AEG auf den begabten Ingenieur aufmerksam und holte ihn 1912 als Mitarbeiter nach Berlin in die Generaldirektion. Fünf Jahre später wurde er Oberingenieur der Berliner Straßenbahn.

Beruflich erfolgreich, innerlich unzufrieden

Trotz seiner großen Erfolge im Beruf war Adler innerlich unzufrieden und auf der Suche nach dem Sinn des Lebens. Das assimilierte Judentum stieß ihn ab. Er fürchtete sich vor dessen Liberalismus und einer möglichen ‚Gottentfremdung, die zum krassesten Materialismus führen musste‘, wie er in seinen autobiografischen Lebenserinnerungen klagte.

Sein Vater riet ihm, er solle sich der Religion zuwenden, zu der ihn sein Inneres hinzöge. Adler beschäftigte sich daraufhin verstärkt mit dem Christentum, sowohl mit dem Katholizismus als auch mit dem Protestantismus.

1906 wurde er evangelisch und ließ sich taufen. Ihm gefielen der Gottesdienst und darin besonders die Predigt. Aber es blieben von Anfang an Zweifel: „Doch war in mir die Empfindung: Hier wird nicht das Letzte, das Tiefste geboten, hier ist alles nüchterner, erdgebundener, ich möchte sagen, rein verstandesgemäßer als in der katholischen Kirche. Hier erhebt sich nicht die geplagte Seele mit elementarer Wucht zum Allerhöchsten, um sich mit Ihm im Höhepunkt der Messe zu vereinigen!"[2]

Jahre später reflektierte er seine Entwicklung als evangelischer Christ: „Ich war also getauft und Christ, und doch war ich nicht ganz zufrieden. Es schien mir, auf halben Weg stehengeblieben zu sein. Sehr eifrig und begeistert hörte ich jeden Sonntag den Worten des Pastors von der Kanzel zu. Aber die Kirche lag mir nicht ... vielleicht weil sie leer war. Es fehlte der Tabernakel. Es waren keine Heiligenbilder da, wie ich sie in den katholischen Kirchen bewunderte: Maria, Heilige und vor allem der Kreuzweg, der mich außerordentlich beeindruckte. Dann war die Kirche während der ganzen Woche geschlossen. [...] So begann ich, mich immer mehr der katholischen Kirche zu nähern. Dieser Zustand der Unsicherheit, des Unbefriedigtseins, der Zweifel und des Wahrheitsdranges dauerte über zwölf Jahre."[3]

Unterdessen heiratete er 1911 Adelheid Poppy (1888–1979), eine Opernsängerin aus katholischer Familie. 1913 wurde die Tochter Sylvia geboren, später folgten die Söhne Manfred (1919) und Franz (1925).

---

2 Zit. in Schmidt, Dieter: Leonhard Adler (1882–1965), in: Knauft, Wolfgang (Hrsg): Miterbauer des Bistums Berlin – 50 Jahre Geschichte in Charakterbildern, Berlin 1979, 23–33, hier 24.
3 Zit. a.a.O., 26f.

Der Weg zum Katholizismus

Als Soldat im Ersten Weltkrieg wurde Leonhard Adler 1917 verletzt in ein von Franziskanerinnen geleitetes Lazarett in Krems eingeliefert. Dort kam er wieder in Kontakt mit der katholischen Kirche. Er besuchte die Gottesdienste und beschäftigte sich intensiv mit dem katholischen Glauben. Während der sich anschließenden Kur im böhmischen Karlsbad traf er bei einem Spaziergang auf ein großes Kruzifix, das sein Leben verändern sollte: „Vor Sonnenuntergang, auf der Suche nach dem Heimweg, befand ich mich plötzlich in einer Lichtung, beherrscht durch ein großes Kruzifix. Ich näherte mich. Unter dem Kreuz war ein wunderschönes Bild der Schmerzhaften Muttergottes mit den Worten, an die ich mich immer erinnere: ,Du, der du nimmer glaubst an sie, / kalt vor dem Bilde stehst / und nimmer beugen willst dein Knie / sie hilft dir doch. / Wenn du nicht flehst / es fleht dein Jammer, / fleht dein Leid, / das sieht sie, die gebenedeit: / die Mutter Sancta Maria!' Ohne es zu wollen, sank ich in die Knie und weinte – und betete [...]. In mir war es licht geworden. Wie durch ein Wunder war mein Gebet erhört."[4] Seine Unsicherheit und Zweifel waren mit einem Mal verschwunden und er konvertierte zum Katholizismus.

Beruflicher Neuanfang und geistliches Leben

Nach dem Krieg suchte Adler eine neue berufliche Herausforderung: 1920 war durch Eingemeindungen ,Groß-Berlin' entstanden und Adler bewarb sich als Parteiloser auf den Posten des Stadtbaurats für Verkehrswesen. Aufgrund seines guten Rufs als Verkehrsexperte konnte er

---

4   Zit. a.a.O., 27.

sich unter 70 Mitbewerbern durchsetzen. Mit der Ernennung zum Stadtrat wurde der gebürtige Italiener zugleich deutscher Staatsbürger.

In seiner Amtszeit ließ er die S-Bahn elektrifizieren und führte verschiedene Berliner Verkehrsunternehmen zur Berliner Verkehrsgesellschaft (BVG) zusammen. Mit seinem Namen untrennbar verbunden ist aber der Bau des Flughafens Tempelhof 1923, den er zielstrebig und erfolgreich vorantrieb.

Zugleich engagierte sich Adler im kirchlichen Leben Berlins. Durch den Dominikaner Franziskus Stratmann ließ er sich in das geistliche Leben einführen. Besonders wichtig wurden ihm Exerzitien, sodass er sich intensiv für die Exerzitienbewegung im Bistum Berlin einsetzte. Er schrieb: „Von ausschlaggebender Bedeutung für die innerliche Gestaltung des Menschen [...] sind stets die geistlichen Übungen gewesen. [...] Exerzitien: Übungen des Gebetes, der Buße und der Betrachtung (Beichte und Kommunion) – in längerer Zurückgezogenheit. [...] Beim Exerzitienbüchlein des heiligen Ignatius finden wir voran als Titel das Wort: Heilige Übungen mit dem Zweck, dass man sich selbst überwinde und sein Leben ordne aus der Religion."[5]

Adler lernte in dieser Zeit den Apostolischen Nuntius in Deutschland, Eugenio Pacelli, kennen, der später als Papst Pius XII. für ihn bedeutsam werden sollte. Bereits in Berlin habe er das Bedürfnis gespürt, einem Orden beizutreten, schrieb Adler in seinen Erinnerungen, aber die Notwendigkeit, für die Familie zu sorgen, habe ihn davon abgehalten. Dafür engagierte er sich umso mehr in kirchlichen Organisationen wie der ‚Katholischen Aktion' und

---

5 Zit. a.a.O., 30.

dem Friedensbund der Deutschen Katholiken oder beteiligte sich an öffentlichen Diskussionen über den Glauben. Während der Inflationszeit von 1923–1929, als häufig in Berliner Kirchen eingebrochen wurde, betete Leonhard Adler alle drei Wochen eine Nacht vor dem Tabernakel, „aus dem [ihm, A.S.] unendliche Gnade und Glückseligkeit entgegenströmte."[6]

Flucht und Heimkehr

Wegen der politisch angespannten Lage beendete Adler 1932 seine Mitarbeit im Magistrat und schickte seine Familie im Dezember nach Oberammergau und später nach Meran. Von den Nazis wurde er nun als Jude, als Vorstandsmitglied der Katholischen Aktion und wegen seiner guten Zusammenarbeit mit den Sozialdemokraten diffamiert und öffentlich angegriffen. Nach dem Röhm-Putsch und dem Mord an seinem Freund Erich Klausener tauchte Adler unter. Er wurde 1935 ausgebürgert und verließ daraufhin Deutschland als Staatenloser.

Später schrieb er: „Alle diese Ungerechtigkeiten und Prüfungen, bei denen man ohne irgendwelches Verschulden vor das Nichts gestellt wurde, haben stets nur dazu beigetragen, meinen Glauben zu vertiefen."[7] Und er fügte einen Ausspruch von Ignatius von Loyola hinzu: „Ich würde es als eine besondere Gnade Gottes ansehen, der Abstammung nach ein Jude zu sein, da man dadurch dem Erlöser und seiner Mutter desto näher steht."[8]

Adler flüchtete nach Italien, wo er bei Alfa Romeo in Mailand und ab 1936 als Berater beim FIAT-Konzern in Turin arbeitete, für den er eine Schnellverbindung mit

---

6   Ebd.
7   Ebd.
8   Ebd.

Doppeldecker-Schlafwagen-Bussen in Nordafrika entwickelte.

1937 wurde Adler vom Generalgouverneur von Libyen nach Tripolis berufen, um dort den städtischen Busverkehr aufzubauen und zu organisieren. Zugleich ernannte ihn der dortige Bischof zum Leiter der Katholischen Aktion. Auch dort wurde das Rassegesetz 1939 eingeführt, das ihn stellungslos machte. Adler überlebte, weil er sich bei einem katholischen Pfarrer in der Nähe von Tripolis verstecken konnte. Mit der Befreiung von Tripolis durch die Briten im Jahr 1943 tauchte Adler aus der Illegalität auf und arbeitete von da an bis 1947 für die britische Besatzungsmacht in Libyen. Dann kehrte er heim nach Italien und konnte nach sieben Jahren Trennung in Mailand endlich seine Familie in die Arme schließen. Von 1948 bis 1952 war er in Mailand Stadtrat für Verkehr und Generaldirektor der Verkehrsbetriebe.

Seine Familie, die in Meran lebte, besuchte er nur sporadisch, seine Kinder erinnerten sich aber an einen interessierten, hilfreichen und liebevollen Vater, der freilich oft abwesend war. Der Wunsch, Priester zu werden, wurde schließlich immer stärker.

Spätes Priestertum

„Ende 1952 verließ ich mit 70 Jahren die Generaldirektion der Straßenbahn und ich sagte mir: halte ein, du hast keine Zeit mehr zu verlieren. Wenn du tatsächlich dich ganz dem religiösen Leben hingeben willst, um schließlich auch das höchste Ziel auf Erden zu erreichen, PRIESTER zu sein ... – so muss es jetzt sein."[9] Da er sich zu-

---

9 Zit. in Fischer-Defoy, Christine: Leonhard Adler – Kommunalpolitiker, Verkehrsexperte, Emigrant, Priester, in: Jahrbuch für das Erzbistum Berlin 2007, Köln 2006, 36–40, 38.

gleich vom Ideal der franziskanischen Armut angezogen fühlte, erhielten er und seine Frau von Papst Pius XII. die Dispens, trotz bestehender Ehe in ein Kloster einzutreten: Er bei den Franziskanern, sie in einem Schwesternkonvent.

„Obwohl ich inzwischen 71 Jahre alt geworden war, nicht die geringste Kenntnis des Lateins hatte, verheiratet war mit drei Kindern, allerdings alle volljährig, [...] erteilte der Papst persönlich die Genehmigung für meinen Eintritt in den Franziskanerorden mit dem Ziel, Priester zu werden."[10] Für die Familie hatte er finanziell Vorsorge getroffen – das war eine Bedingung des Papstes.

Adler absolvierte das Noviziat, lernte Latein und studierte Theologie, um am 4. Oktober 1956 in der Franziskanerkirche in Mailand vom Erzbischof Montini, dem späteren Papst Paul VI., zum Priester geweiht zu werden. Leonhard Adler war glücklich, Mönch und Priester sein zu dürfen, besonders für seine früheren Arbeiter und Angestellten, die er materiell und geistlich unterstützte. 1958 schrieb er am Ende seiner Aufzeichnungen: „Ich fühle mich glücklich, den religiösen Weg eingeschlagen zu haben; trotzdem manchmal einen die Sehnsucht nach der Familie packt, die ich jedoch Gelegenheit habe, zuweilen zu sehen."[11]

Leonhard Adler starb am 16. Dezember 1965 im Franziskanerkloster in Mailand. Seinem letzten Willen entsprechend wurde sein Leichnam in der Hauptwerkshalle der Mailänder Straßenbahn aufgebahrt.

---

10   Zit. a.a.O., 38f.
11   Zit. a.a.O., 39.

Ein Zitat aus Adlers geistlichen Notizen fasst die Essenz seines ereignisreichen Lebens in wenigen Zeilen zusammen: „Wahre Liebe hat, wie der allzu früh verstorbene Berliner Bischof Bares einst sagte, immer zu geben. Man gibt eben nicht Liebe aus, wie man Geld ausgibt. Das Geld wird durch Ausgeben vermindert, die Liebe aber durch Gaben vermehrt. Wahre Liebe wird nie arm, sie erntet stets wunderbaren Gewinn. Sie gewinnt die Barmherzigkeit Gottes, sie gewinnt die Verzeihung der Sünden."[12]

---

12 Zit. in Schmidt: Leonhard Adler, 33.

Justo Gallego Martínez

„Mein Glaube ist groß
und ein großer Glaube verlangt
nach großen Taten."

Während ich mich mit Justo Gallego Martinez beschäftigte, erinnerte ich mich an eine Begebenheit aus dem Leben des heiligen Franziskus. Dieser suchte eines Tages eine halb verfallene Kirche auf und begann, vor einem Bild des Gekreuzigten zu beten, das ihn liebevoll ansprach: „Franziskus, siehst du nicht, dass mein Haus in Verfall gerät? Geh also hin und stelle es mir wieder her!" Zitternd und staunend sprach Franziskus: „Gerne, Herr, will ich es tun." Franziskus fühlte sich angesprochen, mit eigenen Händen eine Kirche zu errichten, genau wie Jahrhunderte später Justo Gallego Martinez. Erst nach und nach wurde Franziskus klar, dass es weniger um diesen konkreten Bau ging, sondern um eine Neu-Belebung, einen Wiederaufbau der Kirche. Bei ihm steht der Kirchenbau am Anfang seines Weges, bei Justo Gallego Martinez hingegen am Ende. Er suchte nach einem Weg, seine Berufung zu erfüllen, Buße zu tun und ein asketisches Leben zu führen, auch außerhalb eines Klosters: durch den Bau einer Kirche.

Mejorada del Campo liegt im Speckgürtel Madrids, eingeklemmt zwischen Autobahnen und Industriegebieten. Immer wieder donnern Flugzeuge über den 23000-Seelenort. Zwischen Mietshäusern ragt eine riesige, unfertige Kirche in den Himmel. ‚Justo-Kathedrale' wird sie von den Einwohnern der Stadt genannt.

Bis 2021 begegnete dem Besucher beim Eintritt in die Kirche unweigerlich ein dünner, älterer Mann in Bauarbeiterkleidung: Justo Gallego Martínez, der Erbauer der Kirche. Er wurde am 20. September 1925 als Sohn einer Bauernfamilie hier geboren. Der spanische Bürgerkrieg und der Tod seines Vaters unterbrachen seine Schullaufbahn. Er musste als Zehnjähriger mitansehen, wie republikanische Kämpfer Kirchen verwüsteten und Priester erschossen. „Ich sah, wie die Kommunisten hier alle Kirchen zerstörten und die Menschen in den Trümmern lachten und tanzten. Aber wenn du glaubst, kannst du mit eigener Hand einen schönen neuen Ort wiedererrichten."[1]

Gotteshäuser hatten ihn schon als Kind fasziniert. „Ich hatte die Idee, eine Kathedrale zu errichten, seit ich Kind war. Ich habe Kirchen immer geliebt. Als ich klein war, gab mir meine Mutter oft Geld und statt es für unnütze Dinge auszugeben, kaufte ich Kerzen und gab sie dem Priester. Alles kommt davon, was mich meine Mutter lehrte."[2]

1   Zit. in Minder, Raphael: Ex-Monk erects a 'Cathedral of Faith' brick by brick, and mostly alone, in: New York Times, 18.4. 2017 (Übers. A.S.).
2   Zit. in Jones, Sam: The Spanish ex-monk on a 56-year mission to build his own cathedral, in: The Guardian, 12.10.2017 (Übers. A.S.).

Eintritt ins Kloster

„Als ich sehr jung war besaß ich einen tiefen christlichen Glauben und wollte mich ganz dem Schöpfer weihen."[3] Deshalb trat Martínez mit 27 Jahren in das Noviziat der Trappistenabtei Santa María de Huerta ein, die auf dem Weg zwischen Madrid und Saragossa liegt. Noch bevor er die ewigen Ordensgelübde ablegen konnte, musste er aber wegen einer Tuberkuloseerkrankung das Kloster nach neun Jahren wieder verlassen, weil man seine ansteckende Krankheit fürchtete. Es ging ihm immer schlechter und der junge Mann schloss innerlich mit seinem Leben ab. Nach der Behandlung mit Antibiotika in einem Madrider Krankenhaus wurde er wieder gesund, was Martínez letztlich aber dem Wirken Gottes zuschrieb.

Dass die Mönche ihm die Rückkehr ins Kloster verweigerten, wurde zu einer biografischen Schlüsselerfahrung. Nach diesem Rückschlag, nicht mehr ins Kloster aufgenommen zu werden, kam Justo Gallego völlig niedergeschlagen nach Majorada zurück. Ein Mönch erinnert sich: „Ich denke, es muss für ihn ein Trauma gewesen sein, weil er seinem Ideal nicht folgen konnte. Der Bau der Kathedrale war eine Flucht, es war eine Läuterung des Ideals, das er als Mönch nicht erfüllen konnte."[4] Statt in Resignation zu verfallen, suchte Martínez nach einem neuen Weg, seine Berufung zu erfüllen, Buße zu tun und ein asketisches Leben zu führen, auch außerhalb des Klosters. Sein Jugendtraum, ein Leben im Kloster zu verbringen, war gescheitert, dafür konnte er nun seine Traum-Vision, eine Kirche zu errichten, verwirklichen.

---

3   Martinez, Justo Gallego: The story, http://www.cathedraljusto.com/thestory.html (Stand: 3.5.2023) (Übers. A.S.).

4   The Madman and the Cathedral / Future shorts, 2009, https://www.youtube.com/watch?v=yQGAsikORI4, 5:26–5:47 (Stand: 3.5.2023) (Übers. A.S.).

An erster Stelle Gott dienen

Noch während seiner Krankheit versprach er vor dem Gnadenbild von Saragossa, der ‚Maria auf dem Pfeiler‘, die an die erste Marienerscheinung Spaniens im Jahr 40 nach Christus erinnert, zu Ehren der Nationalheiligen Spaniens eine Kirche zu errichten, sollte er geheilt werden. Sein Dank sollte groß ausfallen. Martínez wollte einen Ort schaffen, an dem auch andere Gott begegnen können. Tatsächlich fing er 1961 am Fest der ‚Virgen del Pilar‘, dem 12. Oktober, an, in seinem Geburtsort zu bauen. „Im Jahr 1961 habe ich den Grundriss abgeschritten auf einem der Felder, die mir mein Vater vererbte. Einfach so, in Form eines Kreuzes"[5], erzählte Justo Gallego. Er setzte einen ersten Stein, den er zuvor vom Bischof hatte weihen lassen. Seinem Lebensmotto, das er sich erwählt hatte, wollte er treu bleiben: „An erster Stelle Gott dienen, dann dem Nächsten und zuletzt mir selbst."[6] Martínez hatte entdeckt, dass er seine Berufung auch außerhalb der Klostermauern leben konnte.

Beginn des Kirchenbaus ohne architektonisches Wissen

Der damals 36-Jährige besaß weder Baupläne, noch hatte er Ahnung von Architektur, Maurerhandwerk oder Statik. ‚Der Weg entsteht beim Gehen‘, war einer seiner weisen Sätze. „Jeder glaubte, ich würde bald wieder aufgeben. Einen Verrückten haben sie mich genannt, und die Kinder warfen Steine nach mir. Heute sind diese Kinder Großeltern. Und ich baue immer noch. Manche spotten

---

5 Zit. in Hanisch, Wolf Alexander: Justos Werk, in: Die Zeit Nr. 53/2016.
6 Zit. in Nardi, Guiseppe: Ein Mann baut seit 50 Jahren (fast) nur mit seinen eigenen Händen an einer Kathedrale, in: Katholisches (18.7.2016), https://katholisches. info/2016/07/18/ein-mann-baut-seit-50-jahren-fast-nur-mit-seinen-eigenen-haenden-an-einer-kathedrale/ (Stand: 5.3.2023).

und lachen heute noch. Es macht mich aber glücklich, weil sie sehen können, was ein Mensch erreichen kann, wenn er auf Christus vertraut."[7] Im Dorf war er bekannt als ‚Narr Gottes'.

Justo Gallego Martínez findet sich in einer Reihe mit Nikolai Sutyagin, der im nordrussischen Archangelsk während 20 Jahren ein verwinkeltes Hochhaus mit 13 Stockwerken aus Holz baute. Oder mit Ferdinand Cheval, der 33 Jahre lang nach Feierabend einen Tempel aus Stein errichtete, tagsüber war er Briefträger von Hauterives, einem Dorf bei Lyon. Sie alle haben im Alleingang großartige Bauten erstellt. Keiner dieser Männer war ein Profi, alle lernten sie von Tag zu Tag dazu. Heute gelten sie als Meister der ‚art brut', der Außenseiterkunst. Martínez eignete sich aus Büchern architektonisches Wissen an und baute wie im Mittelalter, wobei er Statik nie gelernt hat. Der Petersdom in Rom war seine Inspiration und das Ziel der ersten und einzigen Auslandsreise seines Lebens. Justo Gallego verabscheute Winkel und gerade Linien und versuchte, sie um jeden Preis zu vermeiden. Er bevorzugte Kurven, Kreise, gewölbte Decken, Kuppeln, Bögen, ringförmige Altäre und Wendeltreppen. „Gott hat alles rund gemacht. Er machte die Planeten rund. Er machte die Erde rund."[8]

Wie finanzierte er sein Vorhaben? Angefangen hat er mit einem kleinen ererbten Vermögen, aber dann war er auf Unterstützung angewiesen: Bargeld und vor allem Baumaterial. Begeisterte aus dem In- und Ausland warben Spenden ein. Pläne oder Zeichnungen für das Gotteshaus gab es nicht, er hatte seine Pläne im Kopf. „Allein

---

7 Zit. in Hanisch: Justos Werk.
8 Zit. in Matthew Bremner: Sacrifice, in: Hazlitt Magazin, 1.12.2021, https://hazlitt.net/longreads/sacrifice. (Stand: 4.5.2023) (Übers. A.S.).

Jesus kennt den wahren Plan und entscheidet, was geschehen soll."[9]

Buße und Sühne

Was treibt ihn an? „Alles entsteht aus Liebe zu Gott [...]. Meine Hände sind sein Werkzeug. Was mich hauptsächlich inspirierte, sind immer die Worte Jesu. Er führt mich und ich schenke ihm mein Tun aus Dankbarkeit für das Leben, das er mir geschickt hat, und als Buße für die, die seinem Weg nicht folgen."[10] Man versteht Justo Gallego Martínez nur richtig, wenn man bedenkt, dass er ein Büßer sein will. Dieser kleine, magere Mann mit asketischen Zügen verkörpert den Typ des Büßers, der heutzutage fast völlig aus der Christenheit verschwunden ist. Dabei konnte er, der ein eifriger Leser der Bibel ist, auf den Bußruf Christi verweisen: ‚Kehrt um' (Mk 1,15) und auf die Apostelgeschichte, wo es heißt: ‚Also kehrt um und tut Buße, damit eure Sünden getilgt werden' (Apg 3,19). Martínez hatte das Bedürfnis, die Sünden der Welt sühnen zu wollen. Es ist auch der biblische Gedanke, das Opfer auf sich zu nehmen, das ergänzt, was an den Leiden Jesu noch aussteht. Immer wieder hat das biblische Paulus-Wort ‚Wir sind Narren um Christi Willen' Menschen zu einem Leben geführt, das mit gesellschaftlichen Konventionen radikal bricht. Justo Gallego Martínez ist einer von ihnen.

Materielle Dinge interessierten ihn nicht. Er verkaufte sein Haus, um Baumaterialien zu erwerben. Martínez schlief in einem garagenhaften Zimmer neben der Sakristei. Dort hing ein Bild der Mutter Gottes mit dem Spruch: ‚Sieh mich an, wie ich bin. Und mach mich, wie du mich

---

9   Zit. in Minder: Ex-Monk erects a 'Cathedral of Faith' brick by brick.
10   Martinez, The story.

haben möchtest.' Er stand morgens gegen halb vier auf und schuftete von sieben Uhr in der Frühe bis abends um sechs, außer sonntags natürlich. Früher halfen ihm gelegentlich seine Neffen, aber seit sie sich zerstritten hatten, bestand kein Kontakt mehr zu ihnen. Immer mal wieder kamen für einige Zeit Helfer: Studenten in den Semesterferien, Schüler, Mitbürger aus dem Ort. Manchmal stellte er auch auf eigene Kosten Fachleute ein.

Einziger ständiger Helfer war Ángel López, ein kleiner Maurer, der Martínez seit 1997 unterstützte. Er mauerte und schleppte, organisierte Spenden, besorgte Material und kümmerte sich um das wenige Essen, das der Vegetarier Martínez zu sich nahm.

Eine ‚Recycling-Kirche‘ mit großer Anziehungskraft

„Mit Ausnahme von Gelegenheitsarbeitern, habe ich alles selbst gebaut, indem ich zumeist recyceltes Baumaterial benutzt habe. Ich bin glücklich, meine Arbeit, die ich für ihn tun soll, jeden Tag dem Allmächtigen zu weihen, und es macht mich froh, wenn ich daran denke, was ich schon geschafft habe. Ich werde fortfahren, die Kathedrale zu bauen mit meinen Kräften und den Gaben der anderen, bis ans Ende meiner Tage.“[11]

Justo Gallego Martínez kann als moderner Kirchenbauer gelten. Wurde früher Gold und Marmor verarbeitet, so war er ein ‚Meister des Recyclings‘, wie die spanische Architekturzeitschrift ‚Kunst und Stadt‘ ihn nannte. Nachdem sein Erbe aufgebraucht war, nutzte er Madrid als Rohstoffquelle. Die Baumaterialien fand er auf verlassenen Baustellen oder es waren Spenden. Zement, Sand, Ziegel, Stahl, Holz oder Glas – das jeweils verfügbare Ma-

---

11   Ebd.

terial entschied darüber, an welcher Stelle der gigantische Bau fortgesetzt wurde. Vieles wirkt skurril. Er benutzte ausrangierte Reifen für die Konstruktion romanischer Bögen, Regenrinnen zur Verschalung von Geländern, Ölfässer, Blechbüchsen und Fässer, um Säulen hochzuziehen. Die Mauern bestehen aus Ziegelschutt, die Steine sind mal längs, mal quer, mal bröckchenweise eingesetzt. Alle Fenstermosaike sind aus Colouraplast gefertigt, einem farbigem Schmelzgranulat. Bei schwierigen Arbeiten, wie dem eisernen Kuppelgerüst oder bei der Berechnung der Statik tragender Säulen und Wände, gaben ihm Bauunternehmer oder Architekten Tipps.

Aus der Ferne erinnert die Kirche an die bis heute ebenfalls unvollendete ‚Sagrada Familia' von Antoni Gaudí (1852–1926) in Barcelona. Wie Gaudí zieht auch Martínez das Runde dem Eckigen vor. Selbst die Stufen, die von der Straße steil zu einem der Eingänge emporführen, sind abgerundet, auf Pfeilern und Stufen liegen blaue und weiße Kugeln aus Beton. Freilich war Antoni Gaudí tatsächlich Architekt. Das Gotteshaus von Gaudí wurde wegen seines eigenwilligen Baustils lange Zeit belächelt und kritisiert, heute ist es Weltkulturerbe. Zufall oder Vorsehung: Martínez' selbstgebaute Kirche in Mejorada del Campo liegt an der Straße, die nach Gaudí benannt ist.

Streng genommen ist Justo Gallegos Kirche bisher keine Kathedrale, da kein Bischof sie geweiht hat. Dennoch und obwohl noch immer eine Baustelle, verströmt das Bauwerk im Inneren sakralen Geist: ruhig, andächtig, erhaben, groß. Es gibt keine graden Linien, nur Kurven. Alles ist handgemacht. Alles musste im Sinne des Wortes eigenhändig, höchstens mithilfe von Flaschenzügen bewegt und gebaut werden, damit der ‚ehrliche Charakter des Werkes' von Anfang bis Ende des Baus gesichert ist.

Die ungewöhnliche Geschichte dieses Gotteshauses zieht Neugierige und Kunstinteressierte aus aller Welt an und machte Mejorada del Campo zu einem Wallfahrtsort. An gewöhnlichen Tagen pilgern 50 - 100 Menschen zur Kirche, an manchen Wochenenden 1000 und mehr. Im ‚Museum of Modern Art' in New York wurde sie 2003 mit einer Fotoausstellung gewürdigt. 2015 war Justo Gallego die Hauptperson eines Werbespots für den Energydrink ‚Aquarius', der ihn als Mentalitätsgigant anpries und ihn und sein Bauwerk landesweit berühmt machte. Doch das alles beeindruckte den Visionär nicht, im Gegenteil war ihm diese Art von Werbung eher unangenehm.

Die Beweggründe, ein solches Mammutprojekt in Angriff zu nehmen

Warum baut ein Mensch eine Kathedrale riesigen Ausmaßes? Andere ehren Gott doch auch ohne eine solche Mammutaufgabe. Eine Antwort von Justo Gallego lautet: „Diesen Leuten fehlt eben ein starkes Ideal. [...] Jeder schuldet Gott, was er hat. Und wenn ich Gold besitze, darf ich ihm kein Silber geben. Mein Glaube ist groß, und ein großer Glaube verlangt nach großen Taten. Das hier ist meine Frau, meine Familie, mein Leben."[12]

Wer verstehen will, welche inneren Beweggründe ihn antreiben, findet eine Antwort in dem Dokumentarfilm „The Madman and the Cathedral" aus dem Jahr 2009. Dort erklärt ein Mönch, warum das damalige Kloster Justo Gallego nicht mehr aufnahm: „Justo hat immer härter gearbeitet und heftiger gefastet als die anderen. [...]

---

12 Zit. in Hanisch: Justos Werk.

Wir haben uns Sorgen um seine Gesundheit gemacht, vor allem um seine mentale Gesundheit."[13]

Auf seine Büßerpraxis angesprochen, erklärt Justo Gallego: „Meine Hauptquelle [...] der Inspiration ist immer das Wort Christi gewesen. Er ist es, der mich führt und ihm widme ich meine Arbeit [...] als Buße für die, die seinem Weg nicht gefolgt sind."[14] Mit dem Bau seiner Kathedrale tut er Buße, hat Anteil am Leiden Christi, der sich für die Sünden der Menschen opferte.

„Dank meiner Liebe zu Christus werde ich nicht müde. Viele Menschen werden müde und langweilen sich, weil sie keine Ideale mehr haben. Sie wissen nicht, dass wir alle Gottes Haus sein sollen."[15] Über Besucher, die seine Beweggründe nicht verstanden, sagte er: „Ich habe mir den Mund fusselig geredet, immer und immer wieder das Gleiche, und dann verstehen sie doch nicht, dass es hier um Gott geht und nicht um mich."[16]

Fragen zum Kirchenbau prallten an ihm ab. Stattdessen ereiferte er sich über oberflächliche Mitmenschen. „Die Menschen flüchten sich in Luxus und vergessen die wirklich wichtigen Dinge."[17] Mit moderner Patchwork-Religion und chinesischen Heilungspraktiken, buddhistischer Meditation, schamanistischen Ekstasetechniken oder dem Vertrauen auf apersonale kosmische Kräfte hat Justo Gallego nichts im Sinn. Im Gegenteil. Die Menschen sollen Christus am Kreuz folgen. Aber viele Menschen

---

13 Zit. in The Madman and the Cathedral, 4:34−4.46.
14 Martinez, The story.
15 Zit. in DW-TV, Der Kirchenbau von Justo Gallego, 28.4.2011, https://www.youtube.com/watch?v=Jy38yDu3K0o, 0:41-0:48. Die Zitate sind von You Tube transkribiert (Stand: 5.5.2023).
16 Zit. in Hanisch: Justos Werk.
17 Zit. in Die Baustelle des Herrn, 360° Geo-Reportage (2001), https://www.youtube.com/watch?v=_1Ka_gTLjUw [You Tube] 7:16−7:19 (Stand: 3.5.2023).

verschwinden laut Justo Gallego, wenn sie das Kreuz sehen. Er selbst war immer auf das Kreuz fokussiert.

Madrid war für ihn ein Sündenpfuhl, der Teufel eine wirkliche Bedrohung und die Hölle eine zu fürchtende Realität. Im Katholizismus sah er die einzige Hoffnung der Menschheit. So schimpfte er über die immer geringere Achtung vor Gott, die Säkularisierung und die Familien, die keine Kinder mehr haben wollten.

Mit ihm zu arbeiten war nicht einfach, denn er konnte schwierig, ungeduldig und hart sein. Wenn etwas nicht so klappte, wie er es sich vorgestellt hatte, fuhr er aus der Haut. Andererseits rankten sich auch Legenden um den kleinen Spanier. Er soll einmal aus 35 Metern abgestürzt und unversehrt geblieben sein – die Hand Gottes habe ihn aufgefangen.

Dass er die Vollendung der Kirche trotz der harten Arbeit nicht erleben werde, war ihm bewusst: „Es wird unmöglich sein, dass ich diese Kathedrale während meiner Lebenszeit beende, weil noch so viel zu tun ist. Ich hoffe, dass nach meinem Tod diese Kathedrale weitergebaut wird. Ich übergebe es aber in die Hand Gottes, Gott wird dafür sorgen. [...] Aber ich wünsche mir, dass sie mich in der Kathedrale beerdigen werden. Das wünsche ich mir sehr."[18]

Was passierte nach Gallegos Tod?

Justo Gallegos rechte Hand, Ángel López, hatte versprochen, nach Gallegos Tod die Kathedrale weiterzubauen. Ende 2019 begann sich Justos Gesundheitszustand zu verschlechtern, er konnte nicht mehr arbeiten und seine nicht diagnostizierte Demenz schritt schnell voran. Die

---

18 Zit. in The lone man building a cathedral by hand, 13.7.2016, https://www.youtube.com/watch?v=pRy3S_tmJj4, 1:39–2:06. (Stand: 1.5.2023) (Übers. A.S.).

meiste Zeit wanderte er ziellos in seiner Kathedrale herum, später war er an einen Rollstuhl oder an sein Bett gefesselt.

Wie lange es noch dauern wird, die Kathedrale fertigzustellen, wusste Justo Gallego selbst nicht. „Vielleicht kommen auch wieder andere und machen weiter. Doch sie wird fertig. Mit mir und nach mir"[19], sagte Justo Gallego. Das sei das Vermächtnis, das Beispiel, das er geben wolle. Er war überzeugt, dass seine Idee auch nach ihm weiterbestehe, Kraft entfalte und andere anstecke wie der Funke das Feuer. Er hatte nur zwei Bitten an die Nachwelt: In seiner Kirche beerdigt zu werden und dass man sich an ihn als christliches Beispiel erinnern möge.

Am 29. November 2021 starb Justo Gallego im Alter von 96 Jahren. Schon einige Jahre zuvor hatte er die Kathedrale seinem Mitarbeiter Ángel Lopez überschrieben. Dieser sagte nach Martínez' Tod: „Justo hat sein Leben dem Bau dieser Kirche gewidmet und ich empfinde eine Verantwortung, sein Werk zu vollenden. Ohne Plan? Ohne Bewilligung? Ich denke nicht. Jetzt geht es darum, eine Regelung zu finden."[20]

Baurechtlich ist die Kirche nach wie vor ein illegaler Bau, der von der Bauaufsicht stillgelegt werden könnte. Aufgrund dieser Situation zögert auch Spaniens katholische Kirche, den letzten Willen des Baumeisters anzunehmen und diese Kirche als Schenkung anzunehmen. Zunächst hatte er in seinem Testament die Diözese von Alcalá de Henares als Erbin eingesetzt, die sich aber aufgrund der Bedingung, sein Werk zu vollenden, zurück-

---

19 Moring, Andreas: Ein Mann baut eine Kathedrale – allein, in: Hamburger Abendblatt, 5.10.2005.
20 Zit. in Czaja, Wojciech: Justo Gallego Martinez: Der Meister der Narrenfreiheit ist tot, in: Der Standard, 30.12.2021.

hielt. Nun will die katholische Hilfsorganisation ,Mensajeros de la Paz', eine katholische NGO, die mit Madrids Obdachlosen zusammenarbeitet, sein Gelübde erfüllen. Ein spanisches Architektenbüro, das auch das Bernabéu-Stadion saniert hat, nahm sich der Kirche an und überprüfte sie auf ihre Tragfähigkeit und Ausführungsqualität. Aufgrund der gefährlichen Überbelastung einer Seitenwand mussten vier Kuppeln abgerissen werden. Doch abgesehen davon ist das Gebäude nach Ansicht der Ingenieure robust und hochwertig ausgeführt, sodass eine Legalisierung der Statik möglich erscheint und ein Weiterbau ins Auge gefasst werden kann. Nach dem Einholen von Gutachten und Genehmigungen sollen die Bauarbeiten wieder fortgesetzt werden. Justo Gallegos Traum könnte also in Erfüllung gehen. Laut ,Mensajeros de la Paz' soll die Kirche für die religiöse Arbeit der Hilfsorganisation, soziale Projekte und Armenspeisungen genutzt werden. Die Krypta ist als letzte Ruhestätte für Justo Gallego vorgesehen.

Sollte Justo heiliggesprochen werden, würde man ihn sicherlich in seiner Arbeitskleidung darstellen, die er jahrelang trug: blauer Arbeitskittel, weißes Hemd, roter Schal und rotes Mönchskäppi. „Wenn ich gesehen habe, was ich geschaffen habe, bin ich überwältigt und danke dem Herrn. Wenn ich mein Leben noch einmal leben könnte, würde ich gerne diese Kathedrale nochmals bauen – nur zweimal größer, weil es für mich ein Akt des Glaubens ist."[21]

---

21 Zit. in Franco, José Tomás: The Spaniard who spent 50 years building a cathedral with his own hands, 14.1.2017, https://www.archdaily.com/802476/the-spaniard-who-spent-50-years-building-a-cathedral-with-his-own-hands (Stand: 10.5.2023) (Übers. A.S.).

Wer diese Kirche gesehen hat, verändert sein Verhältnis zum Glauben, egal welcher Religion er angehört. Der Glaube kann Berge versetzen oder eingrenzen. Das ist die Entscheidung eines jeden Einzelnen. Grenzen zu setzen ist bequemer und einfacher als Grenzen zu überwinden. Gallego hat es vorgezogen, aufzubrechen und seinem Ideal zu folgen, statt zu lamentieren, zu diskutieren und es sich auf der Couch bequem zu machen. Er lebte seinen Glauben radikal, vielleicht zu radikal für Menschen, die sich alle Möglichkeiten offenhalten möchten.

Marshall McLuhan

„Ich bin ein Konvertit,
die schlimmste Art."

Vor vielen Jahren fiel mir ein Buch von André Frossard in die Hände, das den Titel trägt: Gott existiert, ich bin ihm begegnet. Der Autor berichtet darin von einer blitzartigen Konversion vom Atheisten zum Christen. Bei der Lektüre wurde ich auf eine kleine Begebenheit aufmerksam: Ein Kollege bekam Frossards Bekehrung mit und äußerte den Wunsch, gläubig zu werden. In seinem jugendlichen Leichtsinn entgegnete Frossard, „wenn er sich wirklich den Glauben wünsche, solle er ihn in der Kirche Saint-Nicolas-des-Champs suchen, wo er ihn ganz bestimmt finden würde. Er brauche nur einen Monat lang jeden morgen der 6-Uhr-Messe beiwohnen. Wir garantieren für den Erfolg."[1]

War dieser Rat erfolgreich? Der junge Mann ging nun jeden morgen zur Messe. Aber es tat sich nichts. Weiter schrieb Frossard: „Er hatte den Glauben nicht, aber er konnte nicht mehr ohne Messe sein, mit dem Ergebnis, dass er Christ wurde, auf die am wenigsten übliche Art: durch Begierde und Hartnäckigkeit".[2]

Den Glauben finden durch Begierde und Wille, durch Hartnäckigkeit und Ausdauer ist nicht die schlechteste Art zum Glauben zu gelangen, wie das Beispiel von Marshall McLuhan zeigt.

---

1   Frossard, Andé: Gott existiert. Ich bin ihm begegnet, Freiburg 1972, 121.
2   Ebd.

Der kanadische Literaturwissenschaftler Herbert Marshall McLuhan gilt als einer der Gründungsväter der Medienwissenschaften und war laut New York Times lange Zeit „einer der bekanntesten, umstrittensten und sicherlich am meisten diskutierten zeitgenössischen Intellektuellen"[3]. Die Wirkung der Medien und das Verhältnis von Mensch und Medien standen im Zentrum seines Denkens. Er war vermutlich auch der Einzige, der als eigene Person in einen Spielfilm agierte. In Woody Allens ‚Der Stadtneurotiker' trat er als Marshall McLuhan auf und fragte: ‚Sie meinen, alle meine Irrtümer seien falsch?'

McLuhans Bücher verkauften sich millionenfach. Zu seinen Lebzeiten und auch später wurde er von seinen Kritikern aber auch als Spinner und Scharlatan, als unwissenschaftlich und unseriös abgetan und seine Texte als unlesbar deklariert. Nur wenige wussten, dass er ein frommer Katholik war.

Er übertrug den literaturwissenschaftlichen Ansatz des ‚New Criticism' auf elektronische Medien: Nicht die Inhalte, sondern das Medium selbst stellte er in den Mittelpunkt seiner Überlegungen. Bekannt ist in diesem Zusammenhang der Satz: „Das Medium ist die Botschaft." Er besagt, dass alle Medien auf die menschliche Psyche einwirken, ganz unabhängig davon, was sie an Informationen transportieren.

Medienwissenschaft sollte sich nicht nur mit dem Inhalt der Medien beschäftigen, sondern mit den Medien selbst und der gesamten kulturellen Umgebung, in der sie benutzt werden. So rufen die gleichen Inhalte in verschiedenen Medien andere Effekte hervor – etwa Shakespeares Stücke als Theater, als Hörspiel oder als Buch. Was da

---

3   Kostelanetz, Richard: Understanding McLuhan (In Part), in: The New York Times, 29.1.1967 (Übers. A.S.).

kommuniziert oder transportiert werde, sei im Grunde egal.

Im elektrischen Zeitalter werde die Welt zu einem ‚globalen Dorf‘, in dem jeder mit jedem vernetzt sei. Diesen Gedanken verbreitete McLuhan über 30 Jahre vor der Einführung des Internets. Durch die Vernetzung ändere sich auch die Wahrnehmung von Raum und Zeit, Distanzen würden aufgehoben und die Welt werde zusammengezogen. Aber McLuhan befürchtete auch ein Zeitalter der totalen Überwachung.

Viele sahen in ihm einen Propheten des elektronischen Zeitalters und mit schöner Regelmäßigkeit wurden viele seiner Voraussagen wahr.

McLuhans Lebensweg

Herbert Marshall McLuhan wurde am 21. Juli 1911 im kanadischen Edmonton als Sohn eines Immobilienmaklers und einer Lehrerin geboren. Er verwendete immer seinen zweiten Vornamen, um Verwechslungen mit seinem Vater Herbert zu vermeiden. Marshall und seine Mutter Elsie waren Sturköpfe und lieferten sich immer wieder erbitterte verbale Dispute, was ihm später bei seinen wissenschaftlichen Diskussionen zugutekam.

Mit 17 Jahren nahm er das Maschinenbaustudium in Manitoba auf, wechselte aber kurze Zeit später zum Fach Literatur. 1933 erwarb er den Bachelor und 1934 den Master im Fach English Studies. Durch ein Stipendium konnte er sein Studium im englischen Cambridge fortsetzen. Hier lernte er auch die Literaturtheorie des New Criticism kennen, die eine wesentliche Grundlage seiner späteren Ideen und Methoden wurde.

Um über einen mittelalterlichen Autor promovieren zu können, las er die frühen Kirchenväter und mittelalterlichen Denker, die seine Bekehrung zum Katholizismus beeinflussten. Zugleich entdeckte er den thomistischen Philosophen Jacques Maritain und G. K. Chesterton. Diesen würdigte er mit den Worten: „Wäre ich Chesterton nicht begegnet, wäre ich zumindest viele Jahre lang Agnostiker geblieben."[4]

Nachdem er 1936 aus England zurückgekehrt war, arbeitete er als Assistent und später als Dozent an der Universität Wisconsin in Madison. Er promovierte und hielt Vorlesungen an verschiedenen kleineren katholischen Hochschulen. 1939 heiratete er Corinne Keller Lewis und wurde Vater von sechs Kindern. Von 1937 bis 1944 lehrte er als Dozent für Englisch an der St. Luis Universität, Missouri, bis er eine Professur an der University of Toronto annahm, wo er fast seine ganze wissenschaftliche Karriere verbrachte.

Er hielt bis zuletzt ausschließlich an katholischen Hochschulen Vorlesungen, sah aber seinen Glauben als streng persönliche Angelegenheit an und thematisierte ihn daher in seinen Schriften nicht. In den 1950er- und 1960er-Jahren erlangte er für seine Medientheorien weltweiten Ruhm.

Um einen tennisballgroßen Hirntumor entfernen zu lassen, unterzog er sich im November 1967 einer Gehirnoperation. Im Anschluss daran verlor er einen Teil seines Erinnerungsvermögens, was ihn bei seinen Forschungen stark einschränkte. Marshall McLuhan starb am 31. Dezember 1980 an den Folgen eines Schlaganfalls.

---

4   McLuhan, Marshall: Church Pop / CNA, [deutsch:] Als Maria zu McLuhan sagte: ‚Das Medium ist die Botschaft', in: Catholic News Agency, 15.8.2019, https://de.catholicnewsagency.com/article/636/als-maria-zu-mcluhan-sagte-das-medium-ist-die-botschaft (Stand: 14.5.2023).

„Ich bin ein Konvertit, die schlimmste Art"

1937 konvertierte McLuhan im Alter von 25 Jahren zum Katholizismus. Damit gehört er zu der Reihe angelsächsischer Intellektueller wie Graham Greene, Edith Sitwell und Alfred Hitchcock, die in den 1920er- bis 1950er-Jahren auf der Suche nach dem Glauben zur katholischen Kirche fanden.

McLuhan selbst hat sich nur selten in der Öffentlichkeit zu Fragen des Glaubens geäußert und der Einfluss seines Glaubens auf sein Werk wird allgemein als gering eingeschätzt. Sein Sohn Eric stellte aber 1999 im Buch „The Medium and the Light"[5] Texte von Marshall McLuhan zu Fragen von Religion und Glauben zusammen.

In der Einleitung hebt Eric McLuhan hervor, dass sein Vater den katholischen Glauben bis an sein Lebensende im Privaten praktiziert und von seinen öffentlichen Äußerungen als Medientheoretiker bewusst getrennt habe.[6] „Auf die Frage: ‚Sind Sie wirklich ein Katholik?' antwortete er: ‚Ja, ich bin ein Katholik, ein Konvertit, die schlimmste Art!'"[7]

Marshall McLuhan wuchs mit einer lockeren Verbindung zum Protestantismus auf. Seine Familie war liberal, was die Bindung an eine Konfession betraf. McLuhan erinnerte sich 1970: „Ich hatte zu dem Zeitpunkt, als ich anfing, den Katholizismus zu studieren, keinen religiösen Glauben. Ich bin in baptistischen, methodistischen und anglikanischen Kirchen aufgewachsen. Wir gingen

---

5 McLuhan, Marshall: The Medium and the Light. Reflections on Religion and Media, edited by Eric McLuhan and Jazek Szklarek, Eugene 1999 (Übers. A.S.).

6 Vgl. McLuhan, Eric: Introduction, in: Marshall McLuhan: The Medium and the Light. Reflections on Religion and Media, edited by Eric McLuhan and Jazek Szklarek, Eugene 1999, IX–XXVIII, hier XVII–XIX (Übers. A.S.).

7 Zit. in de Kerckhove, Derrick: Passion and Precision. The Faith of Marshall McLuhan, in: Second nature, 31.3.2014, https://secondnaturejournal.com/passion-and-precision-the-faith-of-marshall-mcluhan/ (Stand: 14.1.2023) (Übers. A.S.).

zu allen. Aber ich habe nichts geglaubt."[8] Wie viele unabhängig denkende Protestanten gehörte seine Familie keiner festen Gemeinde an. Am Wochenende wurde für den Gottesdienstbesuch die Kirche ausgesucht, die die beste und interessanteste Predigt versprach.

Der Einfluss Chestertons

Über seine Konversion berichtet sein Sohn Eric: „Mit den Jahren erzählte er [Marshall McLuhan, A.S.] mir mehrmals die Geschichte seiner Konversion, während wir zusammenarbeiteten. Hier gab es nach seiner Erinnerung zwei Phasen: In der ersten erregten die Kirche und ihre Ansprüche wiederholt seine Aufmerksamkeit, während er wissenschaftlich arbeitete. Das geschah mehrfach und sehr intensiv, sodass er sich gezwungen sah, sich damit zu beschäftigen. Die zweite Phase bestand aus den Ereignissen, die seine tatsächliche Bekehrung und seinen Übertritt in die Kirche auslösten. Die erste Phase dauerte mehrere Jahre und umfasste die Mittdreißiger-Jahre als er sich in Cambridge mit seiner Promotion beschäftigte. In dieser Zeit wurde die intellektuelle Grundlage sowohl für seine Annäherung an die Kirche als auch für seine späteren Forschungen zur Kommunikation gelegt."[9]

McLuhan wurde besonders von den Schriften Chestertons, Maritains und Thomas von Aquins beeinflusst. Zu Chestertons Buch ‚Was unrecht ist an der Welt' gibt es eine schöne Anekdote: Im Sommer 1932 stöberten McLuhan und sein Freund Tom Easterbrook in einem Antiquariat, wo McLuhan ein Buch über Ökonomie kaufte und

---

8   Zit. in McLuhan: Introduction, XVI (Übers. A.S.).
9   McLuhan: Introduction, IX (Übers. A.S.).

Easterbrook für 25 Cent das Buch ‚Was unrecht ist an der Welt' erwarb. Da der Inhalt die beiden Käufer langweilte, tauschten sie die Bücher. McLuhan sagte später, dieser Tausch habe sein Leben verändert.

McLuhans Biograf Marchand beschreibt die Bedeutung Chestertons für McLuhan folgendermaßen: „Mit Chesterton näherte sich McLuhan [...] der römisch-katholischen Kirche an. In seinen Schriften predigte Chesterton unermüdlich die katholische Überzeugung, dass die Welt zwar sehr komplex und nicht leicht zu erklären, aber letztendlich vernünftig sei. [...] McLuhan verlor niemals aus den Augen, was Chesterton ihn gelehrt hatte – dass alle Dinge real und liebenswert waren und letztlich miteinander zusammenhingen, weil Gott sie geschaffen hatte."[10]

In McLuhans und Chestertons Leben gab es viele Gemeinsamkeiten: Beide traten in ihren Dreißigern zur katholischen Kirche über und liebten Aphorismen, freie Assoziationen und verschrobene Wortspiele. Chesterton vertrat einen heiteren, unkonventionellen Katholizismus und eine Verbindung von Sozialismus- und Kapitalismuskritik auf der Basis traditioneller und katholischer Werte wie der persönlichen Freiheit, der Unantastbarkeit der Familie und der Traditionen des christlichen Europas. „McLuhan faszinierten Chestertons ‚Neugierde' und ‚kindliche Freude', die ihm eine ungewöhnliche ‚Frische der Wahrnehmung' und ‚Intuition für die Wirklichkeit' ermöglicht hätte."[11]

---

10 Marchand, Philip: Marshall McLuhan. Botschafter der Medien, Stuttgart 1999, 54f.
11 Reusse, Jürgen/Höltschl, Rainer: Mechanische Braut und elektronisches Schreiben, in: Marshall McLuhan: Die mechanische Braut, Amsterdam 1996, 233–247, hier 235.

Der lange Weg zum Glauben

Durch seine Dissertation über Thomas Nashe (1567–1601) vergrub sich McLuhan in die Geistesgeschichte von den Griechen über das Mittelalter und die Reformation bis hin zur Aufklärung und zu James Joyce im 20. Jahrhundert. Dabei entdeckte er katholische Autoren mit ihren Argumentationen und ihrer Begrifflichkeit. Er begann, intensiv Origenes und Philo von Alexandrien zu lesen, aber auch die Kirchenväter und Kommentare über sie. Dabei kam ihm zugute, dass er Latein, Griechisch, Französisch und Deutsch beherrschte. Aus Neugier las er auch die ‚Summa Theologica' und die ‚Summa Contra Gentiles' von Thomas von Aquin auf Latein und Englisch.

McLuhan wurde durch diese umfangreiche Lektüre mit der katholischen Denkweise, Lehre und Philosophie vertraut und erwarb sich eine profunde und enzyklopädische theologische Kenntnis. „Ironisch betrachtet, war seine Annäherung an den Glauben einfach nur ein Nebeneffekt seiner Studien, denn er hatte es nicht darauf angelegt, den Katholizismus zu erforschen. [...] Als dann die Zeit kam, sich näher mit der Kirche und ihrer Lehre zu beschäftigen, wusste er schließlich, wo er nach Beweisen und Gründen suchen musste."[12]

Nachdem McLuhan bei den Forschungen zu seiner Dissertation auf Schritt und Tritt dem Katholizismus begegnet war, folgte die zweite Phase seiner Konversion. Er sagte über den Katholizismus: „Entweder war es wahr oder es war nicht wahr. Entweder war die ganze Angelegenheit wahr, und zwar alles, genau wie die Kirche es behauptete oder es war der größte Schwindel, der jemals von einer leichtgläubigen Menschheit geglaubt worden

---

12 McLuhan: Introduction, XIIf.

war."[13] Diese Totalidentifikation mit sämtlichen Lehren der katholischen Kirche findet sich z.B. auch bei der ‚Blitzkonversion' von André Frossard[14], ist aber umstritten und missfällt liberalen Theologen, wie etwa Hans Küng.[15]

Es reichte McLuhan nicht aus, sich intellektuell mit der Lehre der Kirche auseinanderzusetzen. Er musste den Glauben praktisch ausprobieren. Um zu wissen, was es bedeutet, katholisch zu sein, wollte er die Kirche nicht nur ‚von außen' betrachten. Und da die Kirche lehrte, dass der Glaube aus der Gnade erwächst, musste er beten, um dieses Geschenk zu erhalten. So begann er den Katholizismus zu ‚testen'. Im Rückblick erklärte McLuhan 1970: „Ich wollte es herausfinden und die Sache buchstäblich untersuchen, und ich entdeckte ziemlich bald, dass eine Sache unter ihren Bedingungen getestet werden muss. Sie können nichts in der Wissenschaft oder in irgendeinem Teil der Welt testen, außer zu seinen eigenen Bedingungen, oder Sie erhalten die falschen Antworten. Die Kirche hat eine sehr grundlegende Anforderung oder eine Reihe von Bedingungen, nämlich, dass man auf die Knie geht und nach der Wahrheit fragt. [...] Ich betete zwei oder drei Jahre lang zu Gott, dem Vater, und sagte einfach: ‚Zeig es mir'. Ich wollte keinen Beweis von irgendetwas. Ich wusste nicht, was mir gezeigt werden sollte, weil ich nichts glaubte."[16]

Beharrlich betete McLuhan fast drei Jahre lang, was nicht die schlechteste Art ist, zum Glauben zu kommen. „Ich bin auf den Knien in die Kirche gekommen. Das ist

---

13 McLuhan: Introduction, XIV.
14 Vgl. Frossard: Gott existiert, 141.
15 Vgl. Küng, Hans: Existiert Gott? Antwort auf die Gottesfrage der Neuzeit, München 1981, 836.
16 Zit. in McLuhan: Introduction, XVIf.

der einzige Weg. Wenn Menschen anfangen zu beten, brauchen sie Wahrheiten, das ist alles. Man kommt nicht durch Ideen und Konzepte in die Kirche. [...] Sie können sagen: Wenn Menschen die Kirche verlassen, haben sie aufgehört zu beten."[17]

In den 1970er-Jahren fragte ihn die französische Journalistin Nina Sutton, was sie tun müsse, um gläubig zu werden. McLuhan antwortete: „Sie müssen an der Türe Gottes klopfen und immer wieder klopfen und er wird ihnen antworten."[18] Er glaubte fest an die Gnade Gottes, die er auf diese Weise erhalten hatte.

Den letzten Anstoß zur Konversion gab dann 1937 ein nächtliches Gespräch über Religion mit einer Gruppe von Studenten, kurz vor der Karwoche in der Trinity Hall in Wisconsin. Einer der Studenten fragte McLuhan: ‚Warum bist du kein Katholik?‘ McLuhan schwieg darauf, weil er keine Antwort wusste. Aber die Frage arbeitete in ihm. „Bis zu diesem Moment war mir nie in den Sinn gekommen, dass ich jemals katholisch werden würde. Aber ich wurde plötzlich erwischt. Innerhalb weniger Tage wurde ich sofort katholisch."[19] Was war geschehen?

„Mir wurde es sehr plötzlich gezeigt, wobei es unerwartet passierte. Es kam sofort als unmittelbarer Beweis und es handelte sich fraglos um eine göttliche Intervention. Es gab kein Trauma oder persönliches Bedürfnis. Ich hatte nie ein Bedürfnis nach Religion gehabt und auch keine persönliche oder emotionale Krise. Ich wollte ein-

17 Zit. in de Kerckhove, Passion and Precision.

18 Zit. in McLuhan: Religion & Faith, 18.2.2013, https://mcluhangalaxy.wordpress. com/2013/02/18/marshall-mcluhan-religion-faith/ (Stand: 14.1.2023) (Übers. A.S.).

19 Zit. in Marshall McLuhan's catholic faith, 12.8.2012, https://mcluhangalaxy.wordpress.com/2012/08/29/marshall-mcluhans-catholic-faith/
(Stand: 14.1.2023) (Übers. A.S.).

fach nur wissen, was wahr ist, und mir wurde es gesagt ... Wumm! Am nächsten Tag wurde ich ein Katholik.“[20]

Mit welchen Gebeten wandte sich McLuhan an Gott? Sein Sohn Eric berichtet von einem Gespräch mit seinem Vater: „Er erzählte mir, dass das Gebet, das er zumeist sprach, nicht aus umfangreichen oder komplizierten Formulierungen bestand, sondern einfach lautete: ‚Herr, bitte, sende mir ein Zeichen.‘ Er erzählte mir, dass ziemlich schnell nicht nur ein Zeichen auftauchte, sondern eine Flut von Zeichen kam. Und sie erschienen eine Zeitlang unvermindert.“[21] McLuhan betonte immer, dass er vor seiner Konversion keinerlei Unterweisung von einem Geistlichen bekommen hatte. Woraus die Zeichen bestanden, verschwieg Marshall McLuhan Zeit seines Lebens und auch sein Sohn Eric bekräftigte, dass so etwas Intimes privat bleiben müsse und nicht in die Öffentlichkeit gehöre.

Marshall McLuhan wurde am 25. März, dem Gründonnerstag des Jahres 1937, getauft und gefirmt. Bis zum Ende seines Lebens versäumte es er nie, den Gründonnerstag in seinen Tagebüchern hervorzuheben.

Marshall McLuhans Vater billigte die Konversion, nachdem er ein Gespräch mit einem Geistlichen geführt hatte, aber seine Mutter befürchtete, dass die Konversion seinem wissenschaftlichen Fortkommen schaden könne und bedauerte sie. Sie betrachtete den Übertritt als ‚Karriereselbstmord‘.

McLuhan schrieb Jahre später über Konvertiten, wobei er auch sich im Blick hatte: „Übrigens betreten Konvertiten die Kirche durch die Hintertür. Durch die Hintertür hereinzukommen, bedeutet, man kommt durch die Er-

---

20 Zit. in McLuhan: Introduction, XVII.
21 Zit. in McLuhan: Introduction, XIV.

fahrungen mit der Kirche herein und nicht durch ihre Lehren. Wenn Sie durch die Haustür kommen, müssen Sie zuerst alle Lehren und Glaubenssätze schlucken."[22]

McLuhans Leben als Katholik

Douglas Coupland beschreibt McLuhans Glaubenleben mit den Worten: „Wie die meisten Konvertiten wurde Marshall schnell zum Hardcore-Gläubigen. Bis zum Ende seines Lebens ging er fast täglich in die Kirche. Er betete den Rosenkranz und glaubte fest an die Hölle. Es regte ihn auf, wenn andere Katholiken nicht katholisch genug waren. Vor allem glaubte er, da Gott die Welt geschaffen hatte, sie letzten Endes begreifbar sein müsse, und dass ein Sinn für das Göttliche zum Verständnis des Weltlichen führen konnte. Er hatte den Eindruck, dass seine Religion tatsächlich [...] eine Sinneswahrnehmung war, die sein Leben genauso, wenn nicht sogar noch mehr bereicherte wie das Sehen, Schmecken, Tasten, Hören, Riechen und die Schwerkraft."[23]

Für McLuhan bestand der Glaube für einen Katholiken nicht primär in einem Verstandesakt, sondern in einer ‚geistlichen Wahrnehmung'. Dieses spirituelle Empfindungsvermögen war für ihn genauso wirklich wie körperliche Wahrnehmungen, wie das Sehvermögen oder das Hören und Tastempfinden.

Eric McLuhan erinnerte sich 2011 an die religiösen Gewohnheiten seines Vaters: Täglich las er im Neuen Testament, besuchte die Messe und empfing die Kommunion und hielt sich über die päpstlichen Enzykliken auf dem Laufenden. Marshall Mc Luhan war später auch Lektor in der „Holy Rosary Parish", seiner Pfarrgemeinde in Toro-

---

22 Zit. McLuhan: Religion & Faith.
23 Coupland, Douglas: Eine Marshall McLuhan Biographie, Stuttgart 2011, 71.

nto. Michael W. Higgins beeindruckte „seine [McLuhans, A.S.] bemerkenswerte und ziemlich vorhersehbare Fähigkeit, jeden Namen in der englischen Sprache falsch auszusprechen. Dieser große Kommunikationsguru verstand den Namen oft falsch und sprach ihn falsch aus. Anstelle der ersten Lesung las er oft die zweite Lesung, wodurch der Priester verrückt wurde. Oder er las das Evangelium und verwirrte damit die Liturgie für diesen Tag"[24].

McLuhan vertrat zeitlebens einen kindlich-naiven Glauben. Nach seiner Konversion fand er theologische Diskussionen unnütz, denn im Grunde waren ja alle theologischen Fragen durch die Kirche geklärt und sie mussten nicht mehr begründet oder verteidigt werden. Hierzu schrieb sein Sohn Eric: „Er erinnerte mich häufig daran, dass Katholiken Lehrsätze nicht auswählen und aussuchen können, wie Protestanten es tun [...]. Katholiken besitzen eine Autorität, die sowohl bei der Lehre als auch bei der Interpretation hilft. ‚Du musst den Katholizismus im Ganzen annehmen oder gar nicht.'"[25]

Für den großen Kommunikationstheoretiker war das tägliche Gebet ein wesentlicher Bestandteil seines Lebens. „McLuhan schrieb [...], dass er ‚Gott nicht als Begriff auffasse, sondern als unmittelbare und immer gegenwärtige Realität erlebe und als Möglichkeit zu einem ständigen Dialog.'"[26] Ohne diesen Dialog war für ihn das Leben undenkbar.

Auf die Frage von Derrrick de Kerckhove, was Glaube für ihn bedeute, antwortete McLuhan: „Aufmerksamkeit schenken [...] Du kommst zum Glauben durch Gebet und

---

24 Zit. in McLuhan: Religion & Faith.
25 Zit. in McLuhan, Introduction, XV.
26 Ebd.

Aufmerksamkeit."[27] Hier spricht McLuhan offensichtlich aus der Erfahrung seines fast dreijährigen unablässigen Betens um ein Zeichen von Gott. Beten bedeutete für ihn, die Gnade des Glaubens zu suchen, und mit Aufmerksamkeit meinte er, auf die Offenbarung und Lehre der Kirche zu hören.

Der Mensch McLuhan

McLuhan war der Inbegriff eines zerstreuten Professors, der Eigenheiten besaß und exzentrische Anwandlungen hatte. Er war sprunghaft, widersprach sich selbst und vertrat gelegentlich ungewöhnliche Ideen. Er konnte nicht richtig Auto fahren, richtete überall ein heilloses Durcheinander an und hatte große Schwierigkeiten, Prioritäten zu setzen. Er mischte sich in Gespräche ein, egal ob bei Freunden oder Fremden, um dann plötzlich wieder etwas anderes zu tun. Im Unterricht lief er oft geistesabwesend umher. Gleichzeitig konnte er brillant formulieren und streute Anekdoten und Witze in seine Reden ein. Durch seine exzentrische Art, sich zu kleiden, seine bunten Krawatten und zerzausten Frisuren war McLuhan in den Sechzigerjahren unter den Intellektuellen der USA der unumstrittene Star. Gelegentlich vergaß er, Socken anzuziehen oder aß anderer Leute Teller leer. Halb Genie, halb Wahnsinniger war das Urteil von vielen Wissenschaftlern. Dabei hatte McLuhan nie vor, zeitlose Wahrheiten zu verbreiten, sondern strebte an, dass sein Publikum festgefahrene Auffassungen überdachte. Er wollte die Menschen zum Denken anregen, um eigene Ideen zu entwickeln.

---

27 Zit. in de Kerckhove, Passion and Precision.

Marshall war ein Schnellleser, aber er hatte nicht immer Lust, sich durch ein Buch zu arbeiten. Hierfür wandte er eine besondere Technik an: Bei neuen Büchern schlug er die Seite 69 auf und wenn diese und das Inhaltsverzeichnis ihm nicht gefielen, las er das Buch nicht. Gelegentlich rief er nachts um vier Uhr Kollegen an, um ihnen eine gerade gewonnene Einsicht oder einen neuen Witz zu erzählen oder verglich mithilfe von Lexika spanische, italienische, französische, deutsche und griechische Bibelübersetzungen. Er stand Schwangerschaftsabbruch, Homosexualität und der Frauenbewegung ablehnend gegenüber und nahm regelmäßig am ‚Marsch für das Leben' teil.

McLuhan sah sich selbst als guter Vater, was seine Frau aber energisch bestritt. Auch Zuhause war er mit seinen Gedanken und Empfindungen immer woanders. Priorität hatte seine Arbeit, dann kam der Glaube und erst danach die Familie. Freunden gestand er, dass er mit Kindern nichts anfangen könne.

Nach dem Abendessen musste die ganze Familie niederknien und den Rosenkranz beten. In der rebellischen Pubertätsphase freilich verweigerten die Kinder sich, was für McLuhan zum Problem wurde. Er folgte den Aufrufen zu christlicher Nächstenliebe und ging jeden Sonntag in ein Pflegeheim, um Patienten etwas vorzulesen. Nach der Messe am Sonntag blieb er noch bei Kaffee und Getränken im Pfarrsaal, um Leute mit den Worten anzusprechen: „Hallo, ich bin Marshall McLuhan. Ich habe Sie noch nie gesehen. Sind Sie neu hier?"

McLuhan glaubte an die Existenz der Hölle und beklagte, dass die Kirche in Predigten so wenig von der Hölle sprach, um die Gläubigen aufzurütteln. McLuhan rief bei Problemen den Heiligen Judas Thaddäus an (den

Schutzpatron für hoffnungslose Fälle) und war ein großer Marienverehrer. Die Mutter Gottes war für ihn eine unersetzliche Hilfe bei seiner Arbeit und er verfügte über eine ,besondere Beziehung' zur Jungfrau Maria. Einem Kollegen vertraute er an, „dass er sie in bestimmten Dingen befragte und sich mancher Dinge deshalb so sicher war, weil die Jungfrau ihm seine Vermutungen bestätigt habe"[28].

In einem Interview erklärte er, dass „Gebet und Liturgie ein und dasselbe sind. Sie sind das einzige Mittel, um in Einklang zu kommen, Christus zu hören und den ganzen Menschen ins Spiel zu bringen."[29] Nach dem Zweiten Vatikanischen Konzil bedauerte er freilich die faktische Abschaffung der lateinischen Messe und den Bedeutungsverlust von Fegefeuer und der Heiligenverehrung. „Die Messe", so notierte er im März 1972, werde „länger, lahmer und lascher".[30]

Ende der 1960er-Jahre bekam er gesundheitliche Probleme, mitten in Gesprächen begann er zu erstarren. Der Grund war ein zitronengroßer, gutartiger Gehirntumor, der im November 1967 in einer komplizierten neurologischen Operation entfernt werden musste. Daraufhin verlor er Teile seines Gedächtnisses.

Im Alter wurde McLuhan vom Wissenschaftsbetrieb kaum mehr beachtet und stattdessen als kurioser Spinner angesehen. Nur noch wenige Studenten besuchten seine Lehrveranstaltungen. Im September 1979 erlitt McLuhan einen schweren Schlaganfall. Danach konnte dieser sprachgewandte und kommunikative Mensch nicht mehr

---

28 Marchand: Marshall McLuhan, 81.
29 Zit. in de Kerckhove, Passion and Precision.
30 Zit. in Marchand: Marshall McLuhan, 294.

lesen und auch nicht mehr schreiben und sprechen. Ihm blieb nur noch zuzuhören.

Marshall McLuhan starb am 31.12.1980 im Schlaf. Am Abend zuvor hatte Frank Stroud, ein Jesuit, in McLuhans Wohnzimmer die Heilige Messe gefeiert, wobei als Messwein eine Flasche ausgezeichneten Burgunders diente. „McLuhan erhielt die heilige Kommunion, genoss dann ein Glas Champagner und eine Zigarre. Alle drei waren Medien mit einer Botschaft: Gott ist hier, gegenwärtig in den guten Dingen, die er uns gibt, von denen die größte die Gemeinschaft mit Gott selbst in Jesus Christus ist."[31]

---

31 De Souza, Raymond J.: Marshall McLuhan and the divine message, in: The Chesterton Review (39) 2013, 302–304, hier 304 (Übers. A.S.).

Ernst Jünger

„Im Grunde kommt nichts leichter zusammen als ein alter Priester und ein alter Soldat."

Bücher gehören nicht auf den Müll. Dieser löblichen Auffassung verdanke ich meine erste Begegnung mit den Werken Ernst Jüngers. Als Bibliothekar bekam ich haufenweise Bücher geschenkt, darunter auch eines Tages Jüngers „In Stahlgewittern". Jünger war mir vom Hörensagen als rechter Autor und Verherrlicher des Krieges bekannt, ohne dass ich aber je eine Zeile von ihm gelesen hätte. Was mich beeindruckte bei einer ersten Lektüre, war die sprachästhetisch anspruchsvolle Darstellung der Kriegserlebnisse und der damit verbundenen Empfindungen. Obwohl eine Reflexion über den Sinn des Krieges fehlte, den der Autor wie eine Naturerscheinung hinnahm, faszinierte mich die Beschreibung des Kampfes und Alltags in den Schützengräben.

Als 1985 der französische Präsident François Mitterrand Ernst Jünger besuchte und in den Zeitungen davon ausführlich berichtet wurde, kam dieser noch einmal in mein Blickfeld. Erst bei seiner Beerdigung durch einen katholischen Priester 1998 im Alter von 102 Jahren wurde seine Konversion publik. Dies sorgte für einiges Aufsehen, galt er doch als Agnostiker und kirchenfern. Diesen Schritt wollte ich verstehen und so suchte ich im Leben und Werk Jüngers Spuren für seine Annäherung an den Glauben.

„Die Zahl der Christen nimmt immer mehr ab. Sie sorgen sich sehr um all die ernsten materiellen Gefahren, die uns heute bedrohen, während sie vor allem große Hoffnung haben sollten. [...] Die Leute sind von der Transzendenz abgeschnitten, die Transzendenz geht verloren. Aber wenn jemand noch auf irgendeine Art dieses Verhältnis zur Transzendenz bewahrt, ist er ‚letzthinnig' vor der Angst geschützt. Er kann ein Gefühl der Teilhabe empfinden, er kann sich sagen, daß schreckliche Dinge geschehen: Aber hinter ihnen zeigt sich ein großes Licht."[1]

Vor der Öffentlichkeit verborgen konvertierte der Autor Ernst Jünger am 26. September 1996 in der Wilflinger Kirche St. Johannes Nepomuk zum Katholizismus. Sie wurde vom „Ortspfarrer Roland Niebel in Form einer Messfeier vollzogen [...], bei der Jünger das Glaubensbekenntnis ablegte"[2]. In Glaubensfragen hatte sich Jünger wiederholt an die katholischen Pfarrer aus der Umgebung gewandt, sei es an Monsignore Jaroslav Kubóvec, der Jünger nach dem Selbstmord seines zweiten Sohnes Alexander 1991 besonders nahestand, und nach Kubóvec' Tod an seinen Nachfolger Roland Niebel. Dieser erzählte, Jünger sei regelmäßig samstagnachmittags bei ihm vorbeigekommen, um mit ihm zu sprechen. Oft ging es um die Frage nach einem persönlichen Gott. Jünger „erhielt Taufunterricht. Er soll die Beichte abgelegt haben"[3].

Beim Gottesdienst anlässlich seiner Konversion wurde nach Jüngers Wunsch der 73. Psalm gelesen, der ihn sein ganzes Leben begleitete. So verwies Jünger in dem Eintrag zu seinem 45. Geburtstag am 29. März 1940 auf den

---

1 Jünger, Ernst: Gespräche im Weltstaat. Interviews und Dialoge 1929–1997, Stuttgart 2019, 337.
2 Schwilk, Heimo: Ernst Jünger. Leben und Werk in Bildern und Texten, Stuttgart: Überarbeitete Neuausgabe 2010, 302.
3 Kiesel, Helmuth: Ernst Jünger. Die Biografie, Berlin 2007, 668.

Psalm 73, in dem der Psalmist davon spricht, dass es den Gottlosen oft gut gehe, während der Fromme gequält werde. Aber Fromme und Gottlose würden verschieden enden. Nicht einmal der Tod könne die Gemeinschaft mit Gott aufheben.

Jünger hat zeitlebens Abstand zur Kirche gehalten. Umso mehr überraschte es, dass der 101-Jährige in die Katholische Kirche eintrat.

Sein Leben

Der 1895 in Heidelberg geborene Ernst Jünger rebellierte schon als Gymnasiast gegen die bürgerlichen Verhältnisse und die schulische Langeweile, indem er sich 1913 zur französischen Fremdenlegion meldete. Aufgrund der Intervention des Vaters wurde er freilich schnell entlassen. Nach Ausbruch des Ersten Weltkriegs 1914 und bestandenem Notabitur kam er an die Westfront in Frankreich. Seine Erlebnisse und Reflexionen beschrieb er in dem Buch ‚In Stahlgewittern – Aus dem Tagebuch eines Stoßtruppführers'. Es erschien 1920 im Selbstverlag und war schnell ein großer Erfolg mit vielen Auflagen. Darin schildert der Kriegsfreiwillige von 1914 seine Erlebnisse an der Westfront, vom ersten Gefecht bis zur Verleihung des höchsten Ordens, Pour le mérite, bei Kriegsende.

Jünger blieb bis 1923 in der Reichswehr und begann ein Studium der Zoologie und Philosophie. Jünger sympathisierte in den Zwanzigerjahren mit rechtsradikalen, nationalsozialistischen und anti-demokratischen Gedanken und gehörte zu den Gegnern der Weimarer Republik. Anfang der 1930er-Jahre distanzierte er sich von der nationalsozialistischen Ideologie, weil er Hitlers Legalitätskurs ablehnte, denn für Jünger war nur ein radikaler, fundamentalistischer Antiparlamentarismus akzeptabel.

Später versuchte die NSDAP vielfach vergeblich, Ernst Jünger für sich zu gewinnen.

Während des 2. Weltkrieges war Jünger in Paris Besatzungsoffizier der Wehrmacht. Dort entstanden Tagebücher, die er 1949 unter dem Titel ‚Strahlungen' veröffentlichte und in denen er die Position eines Beobachters und Ästheten einnahm. Die darin zum Ausdruck kommende Haltung nannte Jünger später die eines ‚Anarchen' (nicht Anarchisten), der das Leben und Geschehen in Abstand und Distanz beobachtet und beschreibt.

Seit Anfang der 1950er-Jahre lebte Jünger zurückgezogen in einem alten Forsthaus im oberschwäbischen Wilfingen, widmete sich seiner Insekten-Sammlung, experimentierte mit Drogen und veröffentlichte Tagebücher. Bis in höchste politische Kreise in Deutschland und Frankreich erfuhr er breite Anerkennung.

Das Urteil der Nachwelt über Jünger ist gespalten. Er gilt als einer der umstrittensten deutschen Schriftsteller des 20. Jahrhunderts und noch immer scheiden sich an ihm die Geister. Bis heute verbindet sich mit Jünger das Bild vom Nationalisten und Demokratieverächter, der radikale, antiliberalen Schriften während der Weimarer Republik verfasste. Zugleich gilt Jünger als Autor ästhetisch brillanter Schriften, der viele Künstler inspiriert hat.

Religion und Glaube bei Ernst Jünger

Jünger wuchs in einer Familie auf, die religiös ‚unmusikalisch' war. Jüngers Sozialisation war, obwohl protestantisch getauft und konfirmiert, wenig religiös geprägt, weil der protestantische Vater eher positivistisch-darwinistisch dachte. In einem Brief an seinen Bruder Friedrich Georg (1898–1977), bezeichnete Jünger die Brüder als „in einer evangelischen Landschaft atheistisch erzogene Menschen"[4].

In den Kriegstagebüchern 1914–1918 finden sich nur sporadisch Einträge zur Religion. Sie zeugen von Gleichgültigkeit und Unbehagen gegenüber der Kirche und ihren Vertretern. Zur evangelischen Kirche entwickelte er im Laufe der Zeit immer mehr Distanz. Im Tagebuch führte er Klage über die Verweltlichung eines protestantischen Pfarrers und den Verlust der Transzendenz in der Predigt.

Jünger fragte aber in den Zwanzigerjahren rückblickend und fast verzweifelt nach dem Sinn des Krieges, dem Wozu und Warum der Geschichte und des Leidens: „Das ist mir Evangelium: Ihr seid nicht umsonst gefallen. Wenn auch vielleicht das Ziel ein anderes, größeres ist, als ihr erträumtet."[5] Hier zeigt sich, dass Jünger zunächst keine überzeugende Sinngebung des Krieges fand. In dieser als Kulturkrise empfundenen Gegenwart, richtete Jünger sein Augenmerk auf die Geschichte. „Die alles andere ausschließende Überzeugung, der glühende Fanatismus ist es, der uns fehlt, jene innerliche Geschlossenheit, die uns heute das Mittelalter schon wieder mit anderen Augen als mit denen der Aufklärung erscheinen läßt, und die selbst uns [...] mit einer noch uneingestandenen Sehnsucht nach der katholischen Kirche erfüllt."[6]

Auf der Suche nach Sinn schrieb er 1926 in nihilistischer Grundstimmung: „Wir müssen an einen höheren Sinn glauben als an den, den wir dem Geschehen zu

---

4   Jünger, Ernst: Das Wäldchen 125. Eine Chronik aus den Grabenkämpfen 1918, Berlin 1925, 185.

5   Vorwort zur Erstauflage der „Stahlgewitter" von 1920, wieder abgedruckt in: Ernst Jünger: Politische Publizistik 1919–1933, hg. von Sven Olaf Berggötz, Stuttgart 2001, 12.

6   Jünger: Das Wäldchen 125, 185 (ab der 6. Aufl. 1935 weggefallen).

geben imstande sind, und an eine höhere Bestimmung, innerhalb derer sich das, was wir zu bestimmen wähnen, vollzieht. Sonst wird uns der Grund, auf dem wir stehen, mit einem Ruck unter den Füßen fortgerissen und wir taumeln in einer sinnlosen, chaotischen, zufälligen Welt [...]. Wir müssen [...] glauben, daß alles sinnvoll geordnet ist, sonst stranden wir."[7]

Als Ausweg sah Jünger Nation und Deutschland als Symbole für ein Absolutum, an dessen baldiges Kommen er glaubte: „Denn das Vaterland ist auch eine Religion, der Glaube tut die Wunder allein ... nur der Glaube hat alles Mächtige geschaffen, was je erstand."[8]

Frühe katholische Spuren

Fragen des Christentums tauchten bei Jünger bisweilen vor dem 2. Weltkrieg auf. Dabei kam auch die katholische Kirche in den Blick. Der Einfluss der katholischen Mutter ist nicht zu unterschätzen, wenn Jünger gelegentlich seine Hochachtung gegenüber der Kirche zeigte, obwohl er ihren Glauben als überlebt ansah. Viele Interpreten haben seine Bücher auf katholische Spuren untersucht mit dem Ziel, die Konversion als logische Folge eines Prozesses darzustellen. So schreibt Gerhard Adler: „In religiösen Fragen ist Jünger einen langen Weg gegangen, auf dem man durchaus ‚heidnische‘ oder ‚atheistische‘ Strecken kenntlich machen kann. Konstanten bleiben dabei die innere Verbindung zum Tod und die unablässige Gottsuche. Jüngers Annäherungen an das Christentum haben Schwankungen erlebt."[9]

7   Jünger, Ernst: Der Wille, in: Politische Publizistik 1919–1933, Stuttgart 2001, 198–203, hier 201.
8   Jünger: Das Wäldchen 125, 31.
9   Adler, Gerhard: „Die grossen Wanderungen jenseits der Zeit". Metaphysisches bei Ernst Jünger, in: Grenzgebiete der Wissenschaft, (4) 1998, 331–342, hier 332.

Jünger empfand religiöse und säkulare Glaubensinhalte bis zum 2. Weltkrieg als überholt, trotzdem suchte er immer wieder nach neuen stabilen Ordnungen und Gewissheiten.

Jünger beurteilte damals den Glauben negativ und beschrieb „das Glaubenwollen, das Suchen nach einem Glauben als einen Schwächezustand des modernen Menschen, der aus dem Zusammenbruch der bisherigen religiösen Gewissheiten resultiere"[10].

Seit Mitte der Zwanzigerjahre trat der Katholizismus verstärkt in Jüngers Gesichtsfeld. Warum er seinen erstgeborenen Sohn 1926 katholisch taufen lassen wollte, bleibt im Dunkeln. War es die Affinität Jüngers zum katholischen Ritus? Seine erste Frau Gretha jedenfalls verhinderte die katholische Taufe. Der zweite Sohn Alexander aber wurde 1934 in der katholischen Kirche getauft, wobei der Staatsrechtler Carl Schmitt (1888–1985) der Taufpate war.

Es gibt weitere krypto-katholische Motive im Werk Jüngers in den Zwanzigerjahren wie z.B. Jüngers Rezension der Romane ‚Die Sonne Satans' und ‚Der Abtrünnige' von Georges Bernanos (1888–1948), die Jünger 1928/29 veröffentlichte. Darin beschrieb er die katholische Kirche als letzte Hochburg überzeitlicher, universaler Werte. Der wahre Weg bestehe in einer existenziellen Rückbindung (religio), um den Werteverlust einer technisierten und individualisierten Moderne zu überwinden. Der ‚moderne Heilige' müsse ein ‚mystisches Dasein' in einer materiellen Welt leben.

In religiösen Fragen fanden sich bei Jünger, dem metaphysisch interessierten Intellektuellen, atheistische oder

---

10 Waßner, Rainer: Die letzte Instanz. Religion und Transzendenz in Ernst Jüngers Frühwerk, Nordhausen 2015, 21.

heidnische Gedanken. Immer wieder setzte er sich mit metaphysischen Problemen auseinander, wie den Fragen nach dem Tod, dem Leben nach dem Tod sowie nach Gott und den Göttern. Im 2. Weltkrieg verstärkte sich Jüngers Interesse am Christentum, was Jüngers Tagebücher ‚Strahlungen' belegen. Dieser geistige Prozess manifestierte sich in der zweimaligen Lektüre der gesamten Bibel und des Tagebuchs des französischen Schriftstellers Léon Bloy, sowie der Zuwendung zu den Kirchenvätern. 1934 hatte er die 79 Bände umfassende Bibliothek der Kirchenväter gekauft.

Anfang der 1930er-Jahre trieb Jünger die Frage um, wie stabile Werte und eine neue Sicherheit konstituiert werden könnten. In diesem Zusammenhang geriet die katholische Kirche in seinen Blick, aber nicht ihre dogmatische Lehre oder ihr Kult, sondern ihr Widerstand gegen aufklärerische Forderungen, Pluralismus und Relativität.

„Dass es durchaus Analogien und Anknüpfungspunkte zwischen dem Weltbild Jüngers und dem Universalismus der katholischen Kirche gibt, lag für die Kenner von Leben und Werk auf der Hand: Auch Jünger glaubte an eine kosmische Ordnung, eine planvolle Schöpfung, wenngleich wohl eher unter pantheistischen Vorzeichen. Auffällig ist sein Interesse an der Mystik französischer Konvertiten, die ihn zeitlebens faszinierte. Lektürespuren der Werke von Léon Bloy (1846–1917) und Joris-Karl Huysmans (1848-1907) lassen sich über Jahrzehnte hinweg belegen. Motive wie den Glauben an eine planvolle Heilsgeschichte oder das Unbehagen an der Moderne fand Jünger hier vor. Auffällig ist auch eine positive Darstellung mönchischer Figuren in manchen seiner Werke",[11] wie z.B. Pater

---

11 Kohlhäufl, Michael: Ernst Jüngers Affinität zum Katholizismus. Übergang ins Licht, in: Herder Korrespondenz (11) 2018, 46–49, hier 47.

Lampros in ‚Auf den Marmorklippen' als Repräsentant der christlich-geistigen Kultur.

Eine Wende zum Christentum?

Im Zweiten Weltkrieg, den er in Paris und an der Ostfront verbrachte, vollzog Jünger schrittweise eine christliche Wende. So verfasste er 1943 die Denkschrift ‚Der Friede', in der er das Christentum als Grundlage einer europäischen Friedensordnung beschrieb. In diesem Essay betonte er berief er sich auf den 73. Psalm und betonte, dass die nach dem Krieg erforderliche ‚humanitäre' Wandlung von einer ‚theologischen' zu begleiten sei.

Die Schriften ‚Der Friede' sowie ‚Strahlungen', ‚Heliopolis', ‚Waldgang' und ‚Zeitmauer' können als christliche Wende in Jüngers Schaffen angesehen werden. In späteren Jahren hat Jünger freilich alle christlichen Bezugnahmen in ‚Heliopolis' gestrichen. Kurz nach dem 2. Weltkrieg hoffte er jedenfalls auf eine neue sinnstiftende Wirkung der christlichen Kirche. In einer nihilistischen Welt, so schreibt Jünger in ‚Über die Linie' (1950), zerfallen die christlichen Werte. ‚Es gibt hier keine Heiligen.' Für Jünger bildete die Überwindung des Nihilismus die Kernfrage des 20. Jahrhunderts. Er war überzeugt, dass der Nihilismus weder politisch noch pädagogisch überwunden werden könne, sondern nur durch eine Hinwendung zum Glauben. Jünger sah hier die Aufgabe der Kirche.

Jünger hat sich jedenfalls immer wieder mit unterschiedlichen Weisheits- und Erlösungslehren beschäftigt und sie auf ihre Überzeugungskraft und Bedeutung befragt. So wandte er sich verschiedenen Formen der Transzendenz zu, wie der griechischen Mythologie, dem Taoismus, Buddhismus, Pantheismus, Chassidismus, den östlichen Weisheitslehren, der Bibel, besonders dem Alten Testament, aber auch den Kirchenvätern. Hierfür war Jünger zeitlebens offen und so fand sich bei ihm selten ein eindeutiges Glaubensbekenntnis im Sinne einer Antwortreligion. Er ordnete sich keinem religiösen System ein. Jünger vertrat zeitweise eine Allversöhnungslehre, die von der katholischen Kirche abgelehnt wird. Der Vorstellung eines Jenseits mit Hölle und Gericht stand er kritisch gegenüber und Christus war für ihn eine lange Zeit wie für Nietzsche eher ein ‚Übermensch‘ als Gottes Sohn.

Jünger besaß zeitlebens eine undogmatische religiöse Lebensauffassung, die er seit dem 2. Weltkrieg mit einer positiven, kirchenfreundlichen Sicht verband. „In einem Haus, das für tausend Jahre gebaut wird, herrscht größere Sicherheit als in einem anderen, das kaum ein kurzes Menschenalter währt. [...] Und wo die Zeit bewegt wird, wo sie wie an der Zeitmauer brandet, werfen sich die Menschen in den Glauben wie auf ein Rettungsfloß.“[12]

An anderer Stelle schreibt Jünger: „Vorerst hat in Europa die christliche Kirche nur Gegner, die verneinen und die sie überdauern wird, denn immer noch ist sie das stärkste der alten Bänder, welche die Zeiten der nationalen Trennung überdauerten. Auch faßt sie in ihrem Schoß die größte Summe von Glauben, die noch lebendig geblieben ist. Sie zeigte sich in den Feuerwelten und in den Malstromwirbeln des Nihilismus als Macht, die noch das Heil von Millionen beschirmte, nicht nur vor ihren Kanzeln und Altären, sondern auch in den Geistesdomen und in der Aura, die den Gläubigen umgibt und die ihn auch in der Stunde des Todes nicht verlässt.“[13]

---

12 Jünger, Ernst: An der Zeitmauer, Stuttgart 1959, 639.
13 Jünger, Ernst: Der Friede, in: Sämtliche Werke Bd. 7, Stuttgart 1980, 232.

Eng verbunden mit den Toten

Jünger hatte zeitlebens ein besonderes Verhältnis zum Tod. Ihm war immer bewusst, unmittelbar oder in absehbarer Zeit sterben zu können. Dieses Wissen begleitete ihn in beiden Kriegen und in den letzten Lebensjahrzehnten. Bei einem Bad im Mittelmeer am 13. September 1963 ertrank er fast: Im letzten Augenblick wurde der fast schon Ohnmächtige wie durch ein Wunder von einer riesigen Welle ans Ufer gespült. In der Unterkunft schlug Jünger daraufhin die Losungen auf und empfand den Tagesspruch Joel 3,5 als Fügung: ‚Und es soll geschehen. Wer des Herren Namen anrufen wird, der soll errettet werden.'

Jünger fühlte sich eng verbunden mit den Toten, sei es in Träumen, sei es im Gedenken an seine toten Söhne, seine erste Ehefrau, seine Eltern oder die Kameraden aus den Weltkriegen. In den Kirchen zündete er an Gedenktagen Kerzen an, wie am 29. Mai 1995 in Magadino: „Oben in der Kirche gedenke ich bei einer Kerze der Mutter; sie hätte sich hier wohl gefühlt."[14]

Jüngers religiöses Interesse

Welche religiösen Fragen beschäftigten Jünger besonders? Es sind die Fragen nach dem Tod und nach Gott bzw. nach den Göttern der Griechen, Germanen oder der Asiaten. Jünger hoffte auf eine kommende und heile Welt in der Ewigkeit: „Wir nähern uns dem innersten Wirbel des Malstroms, dem fast gewissen Tod. Ich muß mich daher bereithalten, innerlich rüsten, hinüberzutreten auf die andere leuchtende Seite des Seins, und zwar nicht unfrei, gezwungen, sondern mit innerer Zustimmung, mit

---

14   Jünger, Ernst: Siebzig verweht V, Stuttgart 1997, 175.

ruhiger Erwartung vorm dunklen Tor. Mein Gepäck, meine Schätze muß ich ohne Schmerz zurücklassen."[15] Für Jünger war der Tod die Pforte zu einer anderen Welt. Für den Tod verwandte Jünger immer neue Metaphern wie: ‚Bruchstelle', ‚Schere, die schneidet' ‚totale Amputation', ‚große Passage' oder ‚Pass, der durch die Zeitmauer führt'.

„Der Tod ist keine Endstation, eher ein Umsteigen; man läßt den Körper wie einen Koffer zurück, vielleicht sogar als lästiges Gepäck."[16] Bei Jünger kann man von einer Todesfreundschaft und Todesbereitschaft sprechen: „Es gibt nur eine Maxime – nämlich die, daß man sich mit dem Tode befreunden muß."[17]

Seit seinem 70. Geburtstag schrieb Jünger wieder regelmäßig Tagebuch, das später unter dem Titel ‚Siebzig verweht I–V' (1980–1997) veröffentlicht wurde. Hierin finden sich wiederum verstreut Notate mit religiöser Prägung, wie man sie auch in früheren Tagebüchern finden kann. So beschäftigte er sich mit Themen wie der Erbsünde, Heiligenverehrung, dem Glaubensbekenntnis, Reliquien und dem Fegefeuer. Auch innertheologische Auseinandersetzungen bewegten Jünger, wenn er am 1. Juni 1992 notierte: „Daß die modernen Entmythisierer Christus nicht für einen Gott halten, ist richtig, doch was haben sie dafür zu bieten, und – verglichen mit der Skepsis der Humanisten – auf welchem Niveau? Das rennt seit Nicäa offene Türen ein, langt aber noch zu ‚Bestsellern'."[18]

---

15 Jünger, Ernst: Sämtliche Werke. Erste Abteilung. Tagebücher. Bd. 3 Tagebücher III. Strahlungen II. Kirchhorster Blätter, Stuttgart 1979, 352.
16 Jünger, Ernst: Siebzig verweht II, Stuttgart 1981, 179.
17 Jünger, Ernst: Sämtliche Werke. Erste Abteilung. Tagebücher. Bd. 3 Tagebücher III. Strahlungen II. Das zweite Pariser Tagebuch, Stuttgart 1979, 9–294, hier 78.
18 Jünger: Siebzig verweht V, 72.

Gott

Jünger vermied es häufig, namentlich von ‚Gott' zu sprechen, obwohl im Kontext oft deutlich war, dass er Gott meinte. Er war ein großer Gottsucher. Angeregt wurde er durch Léon Bloy. „Unter den Sätzen Bloys, die mich am tiefsten beeindruckt haben, ist einer, den ich in die ‚Zeitmauer' aufgenommen und kommentiert habe: ‚Dieu se retire'. Das ist eine Feststellung, die in knapper, aber deutlicher Weise sagt, was durch den Eintritt des Nihilismus, mit der Entfernung des modernen Menschen von Gott geschieht. Das ist ein Satz, der zusammen mit Nietzsches Behauptung ‚Gott ist tot' zu lesen ist."[19]

Diesen Satz ‚Dieu se retire' – Gott zieht sich zurück – zitierte Jünger mehrfach, z.B. als vorletzten Eintrag im abschließenden Tagebuch. Gott war für Jünger nicht tot, er existierte, aber er hatte sich zurückgezogen. Es war die Reaktion Gottes auf die Verfallenheit seiner Welt.

In einem Interview bekannte der hundertjährige Ernst Jünger 1995 im Gespräch mit Antonio Gnoli und Franco Volpi: „Die Wirklichkeit des Göttlichen ist für mich unleugbar, aber sie ist auch schwer zu definieren und zu benennen ... Für mich gibt es in der Natur, im Kosmos eine göttliche, geheiligte Dimension."[20] Jünger fand die Spuren Gottes in der Natur, wobei er der Meinung war, dass sie der reinen Vernunft nicht zugänglich waren, da sie erfahren und nicht bewiesen werden müssen. In seinem Tagebuch notierte er am 1. Oktober 1978: „Am Schreibtisch: Wenn der Dompfaff mein Fenster anfliegt, versinke ich in Andacht; mehr kann ich für die Götter nicht tun. Ein Sendbote."[21]

---

19 Jünger: Gespräche im Weltstaat, 471.
20 A.a.O., 474.
21 Jünger: Siebzig verweht II, 430.

1993 schrieb Jünger in sein Tagebuch: „Den Vormittag mit dem Ordnen von Goldwespen aus den fünf Kontinenten genossen – und mit Dank für ‚Deiner Erfindungen Pracht'."[22] Jünger spricht hier nicht von einem anonymen kosmischen Prinzip, das der Natur zugrunde liegt, sondern von einem ansprechbaren Jemand, von einem Schöpfer.

Unter lebenslanger Führung

Jünger glaubte sein Leben lang unter einer besonderen Führung zu stehen. Mehrfach finden sich hierzu in seinen Tagebüchern Notate: „Wenn wir in einem langen Leben, in das Kriege und Bürgerkriege fielen, zudem Krankheiten und private Abenteuer, immer wieder meinen, um Haaresbreite davongekommen zu sein, so verstärkt sich die Vermutung, unter einer Führung zu stehen. [...] Verfehlt wäre es aber, daraus auf eine spezielle Zuwendung zu schließen oder gar auf eine Prämie für Wohlverhalten, etwa durch Gebet. Führung besteht, wie immer die Existenz verlaufen möge, auf jeden Fall. Das Gebet bestätigt über das individuelle Schicksal hinaus die Weltordnung, daher gewährt es absolute Sicherheit."[23] Schon früher hatte Jünger das Thema der Führung aufgegriffen: „Eins meiner Grundgefühle, neben dem der Heilsgewißheit: ‚geleitet zu sein'. Immer, ob Krieg oder Frieden, war jemand da."[24] Ein letztes Mal notierte er am 28. Oktober 1982 in sein Tagebuch: „Die Rettung hat sich in meinem Leben oft wiederholt. Das kann kein Zufall sein."[25]

---

22 Jünger: Siebzig verweht V, 107.
23 Jünger, Ernst: Siebzig verweht I, Stuttgart 1982, 576.
24 A.a.O., 487.
25 Jünger, Ernst: Siebzig verweht III, Stuttgart 1993, 193.

Ernst Jünger hat die Spuren Gottes in der Natur, in der Bibel und im eigenen Leben bezeugt, wobei Mitte seines Glaubens der Dank war, wie einer Tagebuchnotiz vom 22.4.1986 zu entnehmen ist: „Nach Mitternacht weckte mich eine Dankeswelle für Eltern, Lehrer, Kameraden, Nachbarn, unbekannte Freunde, ohne deren Hilfe ich nie mein Alter erreicht hätte [...]; ich habe gute Erfahrungen. Ob bei leichten Havarien, ob in schweren Katastrophen – es war immer einer da. Das kann kein Zufall sein."[26]

Für Jünger folgt die gesamte Schöpfung einem großen Plan. Gegen die Versuchungen des Nihilismus hat er diesen Glauben in allen Schicksalsschlägen seines Lebens bezeugt.

Gebet

In der Zeit des Nationalsozialismus entdeckte Jünger die Bedeutung des Gebets. Hier manifestierte sich seine durchaus vorhandene Frömmigkeit. „Über das Gebet. Im Sinne höherer Mechanik ist ihm auch eine ableitende Kraft zu eigen – es mildert und verzehrt die Furcht. In Zeiten, in denen seine Praxis abhandenkommt, sammeln sich große und unverdauliche Massen tierischer Angst in der Bevölkerung an."[27]

In seinen Schriften tauchen immer wieder Reflexionen zum Beten auf. 1942 schrieb er z.B.: „Das ist die ungeheure, auch heilende Bedeutung des Gebets, daß es für einen Augenblick die Falten des Herzens öffnet und sie dem Licht zugänglich macht."[28] 1943 schrieb er in Paris im Blick auf die Folgen der Bombardierung der Stadt:

---

26 Jünger, Ernst: Siebzig verweht IV, Stuttgart 1995, S57.
27 Jünger, Ernst: Sämtliche Werke. Erste Abteilung. Tagebücher. Bd. 3 Tagebücher III. Strahlungen II. Kirchhorster Blätter, 315f.
28 Jünger, Ernst: Sämtliche Werke. Erste Abteilung. Tagebücher II. Bd. 2 Strahlungen 1, Stuttgart 1979, 390.

„Von allen Domen bleibt nur noch jener, der durch die Kuppel der gefalteten Hände gebildet wird. In ihm allein ist Sicherheit."[29] Zwar könnten Kathedralen als sichtbarer Ausdruck des Glaubens zerstört werden, nicht aber der Glaube, der zu ihrer Gestaltung führte.

Im Spätwerk kam Jünger immer wieder auf Kirchenlieder zu sprechen, wobei er besonders die Texte von Paul Gerhardt als geformte Gebete schätzte. Als Schüler hatte Jünger 13 Kirchenlieder auswendig lernen müssen, die ihn als ‚Perlen' des Gottvertrauens ein ganzes Leben begleiteten. Dem Bittgebet stand Jünger eher zweifelnd gegenüber, da er vom Gebet keine Wunder erwartete. Zentral war für ihn aber das Danken, denn Dank sei ‚die Substanz des Gebetes'. Ernst Jünger hat die Spuren Gottes in der Natur, in der Bibel und im eigenen Leben bezeugt. Die Mitte seines Glaubens war der Dank.

Gleich zweimal taucht in seinen Tagebüchern eine mysteriöse Notiz auf: Aufgeschrieben am 1. August 1991 nach einem Gespräch mit seinem Heimatpfarrer Kubóvec und – kaum verändert – am 2. Mai 1992. Ist es ein Gedicht, ein Gebet oder ein Glaubensbekenntnis?

„Ich klopfe an, ich klopfe an, ich klopfe an.
Im Namen des Vaters, des Sohnes,
Des Heiligen Geistes und der Erde
Und des Wassers
mit dem Herrn über dem Wasser. Dank
Zwerge, Zwerge, Zwerge
Waage, Waage, Waage

---

29 Jünger: Sämtliche Werke. Erste Abteilung. Tagebücher. Bd. 3 Tagebücher III. Strahlungen II. Das zweite Pariser Tagebuch, 206.

Sterne, Sterne, Sterne
Waage, Waage, Waage
Sinai
Sonne, Sonne, Sonne
Amen Dank"[30]

Jünger gab dem Text den Titel ,Annäherung'. In einem Nachsatz heißt es in Klammern: ,Nicht zu sprechen, sondern zu hören.' Weitere Erklärungen gibt es nicht. Jedenfalls hat Jünger ,angeklopft', und zwar im Namen des dreifaltigen Gottes.

Es ist ein geheimnisvoller Text, eine Mischung aus christlich-jüdischer Überlieferung und germanischer Mythologie, aus Gebet und Zauberspruch, aus Mantra und Gedicht. Für Heimo Schwilk handelt es sich hier um ein persönliches Glaubensbekenntnis, das freilich verschlüsselt ist. „Im Titel steht Jüngers Kardinalbegriff für seinen Umgang mit dem Transzendenten, die mystische Annäherung. [...] Das Glaubensbekenntnis beginnt mit einem endzeitlichen Bild aus der Bergpredigt. Wer ernsthaft an die Pforte des Himmels anklopfe, heißt es da, dem werde aufgetan werden (Matthäus 7.7ff.)."[31] Es folgt die trinitarische Formel, das Bekenntnis zum dreieinigen Gott. Erde taucht bei Jünger in seinem Werk ,An der Zeitmauer' auf, dass die Menschheit und die Erde als Gaia im kosmischen Zusammenhang vor einer fundamentalen Wende stehen. Wasser könnte in Zusammenhang der Genesis stehen (,Geist Gottes über dem Wasser') als Hinweis auf die Schöpfung und Evolution.

---

30 Jünger: Siebzig verweht V, 69.
31 Schwilk: Ernst Jünger, 579.

Auffällig ist das zweimalige ‚Dank‘ in dem Text: Für Jünger ist die Undankbarkeit die Keimzelle für alle weiteren Sünden: „Es gibt nur eine Sünde, der alle möglichen entwachsen [...]. Das ist die Undankbarkeit. Und es gibt nur eine Tugend: Dankbarkeit.“[32]

Auf die Frage, welchen Satz er als Geschenk in seinem Leben empfunden habe, verwies Jünger in der Heiligabendausgabe der FAZ 1996 auf Paul Gerhardts Lied ‚Befiel du deine Wege und was dein Herze kränkt‘: Hier war für ihn die Substanz des Glaubens in einfache Worte gefasst. Er zitiert: „Hoff, o du arme Seele, Hoff und sei unverzagt! Gott wird dich aus der Höhle, Da dich der Kummer plagt, mit großen Gnaden rücken.“ Und er merkt an: „Mich hat es durch mein langes Leben begleitet [...] Je näher das Ende heranrückt, desto dringlicher wird die Botschaft dieser Verse, desto gewisser ihre Erfüllung.“[33]

Die Konversion

Im Alter von 101 Jahren konvertierte Jünger zur römisch-katholischen Kirche. Beim Gottesdienst zu diesem Anlass wurde auf seinen Wunsch der Psalm 73 gebetet. Seine Frau, Dr. Liselotte Jünger, war nicht anwesend, da ihr die Konversion wenig bedeutete. Für viele Zeitgenossen kam war dieser Schritt Jüngers völlig überraschend – trotz der Tatsache, dass bei Jünger schon seit geraumer Zeit ein latentes Interesse am Christentum, Katholizismus und an katholischen Autoren zu erkennen war. Zu den Motiven seines Übertritts hat er sich öffentlich nie geäußert, obwohl er nahezu sein ganzes Leben zu einer öf-

---

32 Jünger: Siebzig verweht V, 73.
33 Zit. in der FAZ vom 24.12.1996.

fentlichen Angelegenheit gemacht hat. Warum hat er für die Konversion so lange gebraucht? Zu vermuten ist, dass sie schließlich wohlerwogen, aber nicht naheliegend war.

„Mit seiner Konversion hinterließ Jünger der Nachwelt so etwas wie ein offenes Geheimnis: Nur das Faktum der Konversion war bekannt geworden, die Erhellung der Motive für seine Entscheidung blieb seinen Biografen überlassen. ... [Zwar, d. Verf.] finden sich Indizien, die Jüngers Konversion zumindest plausibel erscheinen lassen: War es eine Anpassung an lokale Konventionen (er wollte sterben ‚wie alle hier‘), eine Folge des intensiven Austausches mit befreundeten katholischen Ortspfarrern [...], eine Entscheidung für die Konfession der Mutter, einer gläubigen Katholikin − oder gar nur eine Schwäche für das Zeremonielle der katholischen Liturgie?“[34]

Noch 1985 bekannte er in einem Interview: „Ich bin kein Christ.“[35] Vier Jahre später antwortete Jünger als 95-Jähriger in der ZEIT auf die Frage, ob er Christ sei, mit den Worten: „Nein. Das ist gar nicht nötig. Der einzelne tritt, wie Stirner sagt, dem Verein ab und zu bei.“[36] Sechs Jahre später äußerte sich Jünger nochmals: „Was mich angeht, fühle ich mich nach dem Beispiel meines Vaters unfähig, einer positiven Konfession oder Religion anzugehören.«[37]

Es erstaunt, dass Jünger nur elf Monate später um die Aufnahme in die katholische Kirche bat. Was war in der Zwischenzeit geschehen? Nach dem Tod von Monsignore Kubòvec, mit dem Jünger eng befreundet gewesen war, wurde der neue Ortspfarrer Roland Niebel für Jünger

---

34 Kohlhäufl: Ernst Jüngers Affinität zum Katholizismus, 47.
35 Jünger: Gespräche im Weltstaat, 336.
36 Jünger, Ernst: ‚Ja, gut‘. Ein Interview, in: Die Zeit vom 8.12.1989.
37 Jünger: Gespräche im Weltstaat, 476.

zum Gesprächspartner in Glaubensfragen. Laut Niebel war Jüngers Konversion das Ergebnis eines ‚langen spirituellen Reifeprozesses‘. Man kann wohl von einer ‚gleitenden‘ Bekehrung sprechen, von einer Art unterirdischem Prozess, der sich über Jahrzehnte vollzog.

Seine Sicht auf manche Entwicklungen der katholischen Kirche war durchaus kritisch. Dass in Folge des II. Vatikanums die lateinische Kultsprache zurückgedrängt und der Heiligenkalender zusammengestrichen wurde, sofern Heilige nicht geschichtlich nachweisbar waren, fand bei ihm keine Zustimmung. Aber in der katholischen Kirche „fand er verkörpert, was ihn lebenslang angezogen hatte: die harmonische Verbindung tiefer Mystik mit altgebahnten, verstandesmäßig-philosophischen Zugängen zur Religion, fides et ratio, dazu für den Ästheten die großen Zeichen der Liturgie und der religiösen Kunst, für den Konservativen die fest gegossene Form der Ordnungsstrukturen"[38].

Vielleicht hat Manfred Müller recht, wenn er schreibt: „Letztlich wurde Jüngers Haltung zu Konfession und Kirche durch seine Auffassung vom Anarchen bestimmt, die auf unbedingte innere Freiheit abzielt. Der Anarch bestimmt, ‚was als Sakrament zu gelten hat, und das Ritual, in dem es vollzogen wird‘. Er nimmt an kultischen Handlungen teil, ‚falls es ihm beliebt‘. Für ihn kann es sinnvoll sein, daß er sich ‚einem der Kulte anschließt und ihn ernst nimmt – bestimmte Regeln zu befolgen, bringt inneren und äußeren Gewinn‘."[39]

---

38 Sommer, Hartmut: Revolte und Waldgang. Die Dichterphilosophen des 20. Jahrhunderts, Darmstadt 2011, 189f.
39 Müller, Manfred: Die Konfession des Anarchen. ‚Die Wirklichkeit des Göttlichen ist für mich unleugbar‘: Warum Ernst Jünger Katholik wurde, in: Junge Freiheit vom 15.2.2008.

Jüngers Konversion war sicherlich keine volle Zustimmung zum katholischen Glauben. Er blieb auch als Katholik ein Anarch. Er kam nicht durch den Katechismus zum Christentum, sondern wurde angeregt durch die Frage nach dem Ursprung alles Lebendigen in der Natur Das Ordnungsdenken, die Mysterien, das Unsagbare im Katholizismus begeisterten ihn. Jede Konversion enthält auch ein Geheimnis und bewahrt es auch für sich.

Karin Öberg

„Es bestand nie ein intellektuelles Problem für mich zwischen Glauben und Wissenschaft."

Papst Franziskus ist immer wieder für Überraschungen gut. So stellte er 2014 in einer Predigt die Frage: „Wie hält die Kirche es mit Marsmännchen? [...] Wenn morgen eine Expedition von Marsmännchen käme [...] und eines von ihnen bittet um die Taufe, was würde dann passieren?"[1] Letztlich stellte er die Frage, ob es intelligentes Leben abseits der Erde gibt. Damit beschäftigen sich Science-Fiction-Thriller und Parawissenschaftler, aber auch einige wenige Theologen und seriöse Astrophysiker. Schließen sich Wissenschaft und Glaube aus? Karin Öberg ist Astrochemikerin und gläubige Katholikin, die Astronomie und Glaube auf erfrischende Art miteinander verbindet und einer Antwort auf die Frage nach extraterrestrischem Leben nicht ausweicht. Ich konnte mit ihr ein Interview[2] führen, wobei sie bereitwillig Auskunft über ihre Forschungen und ihren Glauben gab.

---

1   Zit. in Kajan, Simon: Delegaten für die Aliens, in: Die Tagespost vom 10.6.2021.
2   Vgl. Sobel, Alfred: Verliebt in die Kirche und ihre Schönheit, in: Vatican Magazin (1) 2023, 22–23.

„Wenn wir in den Himmel blicken [...] können wir nicht anders, als uns zu fragen, was es sonst noch gibt, das wir nicht sehen, hören oder berühren können. Auf der ganzen Welt arbeiten Wissenschaftler rund um die Uhr daran, weitere Planeten zu identifizieren, neue räumliche Phänomene zu verstehen und sogar die Möglichkeiten des Lebens außerhalb unseres Sonnensystems zu untersuchen. Der lange verbreitete Irrglaube, dass Wissenschaft und Glaube sich widersprechen, lässt vergessen, dass der Vatikan über eine der besten Sternwarten der Welt besitzt, dass katholische Wissenschaftler wie Bruder Gregor Mendel die Genetik begründet haben oder dass es Pater Georges Lemaître war, der die Urknalltheorie entwickelt hat."[3]

Kindheit in Schweden

Karin Öberg wurde am 27. August 1982 im schwedischen Nyköping geboren. Mit sechs Jahren siedelte sie zusammen mit ihren Eltern und zwei Brüdern nach Karlskrona um, wo sie ihre weitere Kindheit verbrachte. Schon früh interessierte sie sich für Naturwissenschaften und Mathematik, nahm 2001 an der schwedischen ‚Chemieolympiade' teil und qualifizierte sich als eine von vier Studierenden, die Schweden vertraten, für einen internationalen Wettbewerb.

Karin Öberg wuchs in einem säkular geprägten Elternhaus auf: Ihr Vater war Atheist, die Mutter war Christin, ohne aber ihren Glauben zu praktizieren. Die Eltern waren ‚lutherische Kulturprotestanten', bei denen der christliche Glaube keine Rolle spielte. Erste Berührungen mit dem Katholizismus hatte sie durch die Lektüre von

---

3 Ortiz, Wandy: Motivated by faith, catholic scientists look beyond earth's galaxy, in: The Tablet from 15.1.2021 (Übers. A.S.).

Tolkiens ‚Herr der Ringe‘, den sie mit neun Jahren las und der sie faszinierte.

„Ich wurde in die schwedische lutherische Kirche hineingetauft, aber nicht in eine Familie, die den Glauben irgendwie sichtbar praktizierte – wir gingen zum Beispiel nicht in die Kirche. Als ich größer wurde, war die Existenz Gottes für mich selbstverständlich, bis zu meiner Konfirmation, bei der meine Gewissheit, dass Gott existiert, immer weniger wurde.“[4]

Nur einen Monat nach der Konfirmation wurde ihr bewusst, dass sie nicht mehr an Gott glaubte. Während der nächsten acht Jahre lebte sie als Agnostikerin, die nicht viel über sich und Gott nachdachte. Aus zwei Gründen wurde Öberg aber nicht atheistisch: Einerseits war sie davon überzeugt, dass es so etwas wie ein ‚moralisch Absolutes‘ gibt, also Dinge, die absolut böse, und Dinge, die gut sind. Sie sah Moral nie als etwas Relatives an, das von der eigenen subjektiven Sicht abhängig war. Andererseits war sie vom freien Willen des Menschen überzeugt. Das war schwer mit einer rein materialistischen Auffassung vom Leben in Einklang zu bringen.

Studium in den USA und in Holland

Nach dem Abitur wurde ihr die schwedische Kleinstadt zu eng und sie bewarb sich an verschiedenen Schulen in Amerika, bis sie 2001 am ‚California Institute of Technology‘ angenommen wurde. Am ‚Caltech‘ versuchte sie zunächst, Chemie und Physik im Doppelstudium zu studieren, wobei sie Fragen nach dem Ursprung des Universums,

---

4   Sequeira, Raquel/Öberg, Karin: Karin Öberg: Planetary Formation, Faith-Shaping Books, and the Beauty of an Intelligible Universe, 16.7.2019, https://biologos.org/articles/dr-karin-oberg-planetary-formation-faith-shaping-books-and-the-beauty-of-an-intelligible-universe (Stand: 12.5.2023) (Übers. A.S.).

der Planeten und Sterne, besonders interessierten. Dabei stellte sie fest, dass sie in Physik nicht so gut war wie in Chemie. Dies empfand Öberg zunächst als ein persönliches Dilemma, bis sie während des zweiten Studienjahres die Astrochemie entdeckte, die mithilfe der Chemie astrophysikalische Rätsel erforscht.

„Während meiner Zeit am ‚Caltech' machte ich keine speziellen religiösen Erfahrungen, aber ich begegnete mehr Christen, als ich je zuvor in meinem Leben gekannt hatte. Schweden ist ein sehr säkulares Land. Auch wenn wir nicht viele Diskussionen darüber hatten, denke ich, dass meine christlichen Freunde die Frage nach Gott am Leben erhalten haben. In meinem Abschlussjahr begann ich, wieder mein Konfirmationskreuz zu tragen. Ich fing an, auf eine vage Weise an Gott zu glauben. Gleichzeitig bekam ich von einem Freund C.S. Lewis' ‚Dienstanweisung für einen Unterteufel' geschenkt. Ich habe es gelesen und es wirklich genossen. Dann habe ich mir ‚Die Abschaffung des Menschen', ebenfalls von C.S. Lewis, bestellt. Das war wirklich wichtig, weil sich dort die Gründe herauskristallisierten, warum der Atheismus keine Alternative für mich war. Es war insbesondere die Idee des moralischen Realismus: dass es Dinge gibt, die böse sind, nicht weil die Mehrheit der Leute sie für böse hält [...] oder weil ich sie für böse halte, sondern weil sie tatsächlich böse sind. Und ebenso gibt es einige Dinge, die objektiv gut sind."[5] Im Rückblick beschreibt Öberg, dass hier die ersten Samen des Glaubens gesät wurden und bis auf den heutigen Tag wundert sie sich, dass sie eines Tages diesen Wunsch verspürte, ihr goldenes Konfirmationskreuz zu tragen. Im Nachhinein erklärt sie dies

---

5   Sequeira/Öberg: Planetary Formation.

als ein Statement nicht für das Christentum, sondern gegen den Materialismus.

2005 beendete sie das Studium mit dem Bachelor of Science in Chemie. Der Aufenthalt in Kalifornien lehrte sie zu denken, Fragen zu stellen und Probleme zu lösen, wie es ihr Verstand kaum für möglich gehalten hatte. In ihrer Diplomarbeit zeigte sie, dass Laborexperimente in größerem Umfang als bisher angenommen verwendet werden können, um die chemische Zusammensetzung planetenbildender Materie zu bestimmen.

Nach ihrem Bachelor-Studium wechselte Öberg nach Holland an die Universität Leiden, um zu promovieren. In Leiden verbrachte sie vier Jahre damit, Laborsimulationen und astronomische Beobachtungen zu verknüpfen, um die Chemie und Dynamik von interstellarem Eis zu erforschen.

Auf spiritueller Suche

Zu dieser Zeit war sie spirituell weiterhin auf der Suche, wobei sie sich intensiv mit christlicher Literatur beschäftigte. Insbesondere las sie wieder Bücher von C.S. Lewis. „Das wichtigste Buch, das ich las, war ‚Pardon – ich bin Christ'. Es war ein Tag, der wirklich alles durcheinanderbrachte: Ich begann den Tag als Agnostikerin und nach einem halben Tag stellte ich fest: Ich bin eine Christin. [...] Ich wusste nicht, was ich tun sollte, und es dauert auch Jahre, bis ich anfing zu beten. Aber eins wusste ich: Ich sollte sonntags zur Kirche gehen, was ich auch in der nächsten Woche tat, indem ich eine anglikanische Kirche besuchte."[6]

---

6 Guestsplaining 005: Karin Öberg, Professor of Astrochemistry at Harvard, on Science and Faith, 5.4.2021, https://www.youtube.com/watch?v=iFv9X7XOqws, 11:29–12:04 (Stand: 14.5.2023) (Übers. A.S.).

In einem Interview von 2017 erinnerte sie sich: „[...] innerhalb etwa einer Stunde wurde ich von einem Agnostiker zum Christen. Die Konversion selbst vollzog sich tatsächlich sehr schnell. Es war ein Tag voller Emotionen und überaus seltsam für jemand, der um die 23 und 24 Jahre alt war und schnell vom Nicht-Glauben zum Glauben fand. Als logischer Mensch, der ich bin, las ich das Buch erst einmal zu Ende, schloss es und begann dann nach Kirchen in der Nähe zu googeln."[7] Sie suchte eine englischsprachige Kirche und fand eine nahegelegene anglikanische Kirche, der sie schließlich beitrat. Der Besuch des Sonntagsgottesdienstes wurde für sie in Holland zu einer guten Gewohnheit.

2009 schloss sie ihr Studium mit einer Dissertation in Astronomie an der Universität von Leiden ab. Im gleichen Jahr wechselte sie mit einem Hubble-Stipendium von der NASA an das Harvard-Smithsonian Center für Astrophysik, um radioastronomische Beobachtungen organischer Moleküle bei jungen Sternen vorzunehmen.

„Etwa ein Jahr nach meiner ‚ersten Konversion' zum Christentum erhielt ich von einem meiner Brüder, der selbst kein Christ ist, [...] ein weiteres Buch, diesmal ‚Orthodoxie' von Chesterton. Er dachte, wenn ich das ganze ‚Christenzeug' nicht aufgeben wolle, dann sollte ich es richtig tun."[8] Um ihre intellektuelle Konversion zu vertiefen, las Öberg Chestertons Buch – und fühlte sich bestätigt in dem, was sie glaubte und verstand. War die Konversion durch die Lektüre von Lewis auch sehr emotional geprägt, wirkte ‚Orthodoxie' weniger überwältigend. Sie entdeckte aber, welche Art von Christin sie war und dass

7   Purpose Nation Podcast, https://www.purposenation.org/karin-oberg-phd-podcast-transcript, 9:14–12:37 (Stand: 14.5.2023) (Übers. A.S.).
8   Guestsplaining, 14:17-14:34.

sie wahrscheinlich irgendwann katholisch werden würde. Aus mehreren Gründen konvertierte sie aber erst einige Jahre später zum Katholizismus. Sie war mit der anglikanischen Kirche sehr zufrieden, auch kannte sie keine Katholiken und schließlich hatten Katholiken in Schweden aus kulturellen und historischen Gründen einen sehr schlechten Ruf.

Übertritt zur katholischen Kirche

Als sie 2009 in die USA zurückkehrte, schloss sich Öberg der Episkopalkirche an. Dort wurde eine schöne Liturgie gefeiert, die der katholischen ähnelte, aber es störte sie, dass viele Glaubensinhalte nur symbolisch oder übertragen, aber nicht wörtlich genommen wurden.

Öberg wechselte 2012 für ein Jahr an die Chemieabteilung der University of Virginia. Die ganze Zeit fühlte sie sich vom Katholizismus angezogen und ihr wurde klar, dass es an der Zeit war, diesem Sog tatsächlich zu folgen. „G.K. Chestertons Orthodoxie [...] ließ mich erkennen, dass ich mich wahrscheinlich auf dem Weg zum Katholizismus befand. Als ich eine katholische Kirche betrat und zum ersten Mal nach meiner Rückkehr nach Cambridge, Massachusetts, zur Messe ging, empfand ich ein unglaubliches Gefühl der Heimkehr, das mich wirklich an das erinnerte, was ich in Chesterton gelesen hatte – das Gefühl von Abenteuer und Heimkehr auf einmal. Ich denke, das war es letztendlich, was es festigte: diese Kombination aus intellektueller Bekehrung durch das Lesen von Chesterton und das sehr starke Gefühl von Frieden und Heimkehr, als ich in eine katholische Kirche ging."[9]

---

9   Sequeira/Öberg: Planetary Formation.

So trat sie 2012 in die katholische Kirche ein. „Es bestand nie ein intellektuelles Problem für mich zwischen Glauben und Wissenschaft, es war eher ein praktisches Problem. Ich kannte bei meiner Konversion zum Christentum keinen Christen, ich kannte keinen Katholiken als ich katholisch wurde. Ich kannte also keine Gemeinschaft, die mir zeigte, wie ich meinen Glauben leben kann".[10] Ihre Begleiter waren bis dahin Bücher, aber an der University of Virginia traf sie erstmals auf Gruppen von Katholiken, was sehr inspirierend war. Zugleich nahm sie Kontakt mit den Dominikanern auf, mit denen sie einen anregenden Austausch hatte.

Über ihre Konversion sagt Öberg: „[...] ich bin so dankbar, dass Gott mir den Weg gezeigt hat. Es war wirklich eine wahre Doppelbekehrung: durch die Bücher, zuerst Lewis und dann Chesterton. Aber gleichzeitig glaube ich, dass die Bekehrung nicht so stark gewesen wäre, wenn es nicht auch der Geist gewesen wäre, der mein Herz und meine Emotionen berührt hatte. Es war in beiden Fällen auch eine sehr starke emotionale Erfahrung."[11]

Öbergs Forschungsschwerpunkte

2013 kehrte sie als Assistenzprofessorin für Astronomie nach Harvard zurück und wurde 2017 zur Professorin ernannt. Heute leitet sie die interdisziplinäre Forschung in den Bereichen Beobachtungen, Laborexperimente und theoretische Modelle der Chemie im Zusammenhang mit der Planetenentstehung. Einer ihrer Forschungsschwerpunkte ist die Frage, ob es auf anderen Planeten Leben

---

10 Dr. Karin Öberg on Science and the Catholic Faith. The Augustine Institute Show with Dr. Tim Gray, https://www.youtube.com/watch?v=2CWGpB_D7_Q, 9:58-10:15 [Stand: 14.5.2023] (Übers. A.S.).
11 Purpose Nation Podcast, 14:17-14:44.

gibt. „Wir wissen noch nicht, ob einer dieser außerirdischen Planeten von den einfachsten Lebensformen bewohnt wird oder nicht. Bewohnen wir ein Universum, das sich mit Leben verbündet, in dessen Gesetzen der Übergang von unbelebter zu lebender Materie eingebaut zu sein scheint? Oder sind wir eine einsame Arche, die durch Raum und Zeit reist und alle Lebewesen mit sich trägt?"[12]

Öberg würde sich schon über die Entdeckung kleinster Bakterien freuen. In jedem Fall werden zukünftige Entdeckungen mehr über die Art des Universums und indirekt über seinen Schöpfer offenbaren. Letzten Endes weiß bis heute niemand, warum das Universum zu existieren begann, was vor diesem Beginn war, ob es ein Ende geben und was nach diesem Ende sein wird.

In theologischer Hinsicht, so Karin Öberg, glaubt das Christentum jedenfalls an ein außerirdisches intellektuelles Leben: „Wir kennen bereits Außerirdische. Sie werden Engel genannt."[13]

Glaube im Alltag

Ihre Umgebung an der Harvard-Universität erlebt Karin Öberg als sehr säkular. Als gläubige Wissenschaftlerin gehört sie einer Minderheit an und sie wendet sich an die Christen im Universitätsbetrieb: „Durch die Wissenschaft wurde mein Glauben definitiv nicht infrage gestellt, weder durch meine Arbeit noch durch meine Kollegen oder mein Umfeld. Allerdings war mir bis vor kurzem nicht bewusst, dass es sehr ermüdend ist, in einer Umgebung zu

---

12 zit. in Aleteia: Why this Catholic astronomer is hoping we find extraterrestrial life, 20.3.2018, https://aleteia.org/2018/03/20/why-this-catholic-astronomer-is-hoping-we-find-extraterrestrial-life/ (Stand: 14.5.2023) (Übers. A.S.).

13 Ebd.

leben, in der man davon ausgeht, dass man kein Christ ist. [...] Dies ist in keiner Weise eine Kritik an meinen Kollegen – sie alle waren unglaublich nett und unterstützend, dass ich sehr offen mit meinem Glauben umging. Aber es liegt immer daran, treu zu bleiben, wenn man keine natürliche Unterstützung hat, die von einer religiösen Gemeinschaft kommt.“[14]

Der Glaube im Alltag an der Universität mit den vielen Misserfolgen bei den Untersuchungen und Forschungsreihen ist für sie eine große Hilfe. Im täglichen Leben versucht Karin Öberg ihren Glauben offen zu leben, ohne aufdringlich zu sein. „Ich bin mit meinem Glauben sehr offen gewesen, seit ich in die Kirche eingetreten bin. Ich trage normalerweise ein Kruzifix, wenn ich unterrichte, und ich habe religiöse Bilder in meinem Büro. Manchmal stoße ich auf Unverständnis, aber nie auf Anfeindung und meistens sogar auf Unterstützung auch von Menschen, die selbst nicht christlich sind“[15].

Karin Öberg will sowohl von ganzem Herzen Wissenschaftlerin als auch Katholikin sein, sie will beides integrieren und sieht keinen Widerspruch darin. Als Vorstandsmitglied der ‚Society of Catholic scientists‘ ist es ihr ein besonderes Anliegen, katholische Studierende in den Naturwissenschaften zu fördern. Sie hält viele Vorträge zum Thema Astrochemie und zum Verhältnis von Glauben und Wissenschaft. „Meine größte Motivation ist, dass die Studenten nicht denken, sie müssten ihre wissenschaftliche Berufung getrennt von ihrem Glauben leben.“[16]

---

14 Sequeira/Öberg: Planetary Formation.
15 Purpose Nation Podcast, 27:54-28:33.
16 Zit. in Science meets faith, 15.5.2019, https://sciencemeetsfaith.wordpress.com/tag/karin-oberg/ (Stand: 12.5.2023) (Übers. A.S.).

Uwe Wolff

„Da fühlte ich: Hier gehörst du hin.
So kam ich an, wo ich
schon immer gewesen war."

*Dem Theologen, Schriftsteller und Kultur- und
Literaturwissenschaftler Uwe Wolff bin ich
1999 erstmals begegnet, als ich eine Buchbe-
sprechung seines Werkes „Das bricht dem Bischof das Kreuz"[1] schrieb, in dem ein Exorzis-
musfall rekonstruiert wurde. Als seinerzeit
evangelischer Theologe beschäftigte sich Wolff
lange Zeit intensiv mit dem Exorzismus an
Anneliese Michel. Ich hatte von dieser Teufels-
austreibung, die in den 1970er-Jahren tödlich
endete, schon Jahre vorher gehört, denn es
wurde in den Medien breit darüber berichtet.
In meinem Theologiestudium kam das Thema
Teufel nur am Rande vor – und wenn, dann
nur entmythologisiert als ‚Abschied vom Teufel'. Das erschien mir zu einfach, zumal ich
mir das Böse nicht entpersonalisiert vorstellen
konnte. Wolff jedenfalls rekonstruierte sorg-
fältig die Exorzismusversuche und die Krank-
heitsgeschichte der Anneliese Michel, was
mich für den Autor einnahm. Er bot zwei Er-
klärungsmuster an: Neben einer psycholo-
gisch-medizinischen Erklärung versuchte er
eine psychologisch-religiöse Deutung. Michel
habe den Ärzten misstraut, da diese ihrem
Leiden keinen Sinn zu geben vermochten.
Ich selbst habe Uwe Wolff, der sich selbst
als ‚Engelforscher' bezeichnet, als spirituellen
Lehrmeister und Impulsgeber kennengelernt.*

---

1   Wolff, Uwe: Das bricht dem Bischof das Kreuz. Die letzte Teufel-
    saustreibung in Deutschland, Reinbek bei Hamburg 1999.

Wenn heutzutage von Engeln die Rede ist, taucht häufig der Name von Uwe Wolff auf. Auf seiner Homepage steht sogar die Bezeichnung ‚Engelforscher'. Eine merkwürdige Bezeichnung, die aus der Esoterik zu kommen scheint. Aber der Begriff wurde von Wolffs Kindern erfunden, die von Spielkameraden gefragt wurden, was der Vater den ganzen Tag am Schreibtisch mache. Für Wolff passte er zum Thema Engel, das ihn schon lange beschäftigte.

Uwe Wolff wurde am 27. Juli 1955 in Münster geboren. Er stammt aus einer evangelischen Familie ohne engere Kirchenbindung, wobei seine Großmutter katholisch war. Evangelisch getauft und konfirmiert, besuchte er als Jugendlicher gerne die Gottesdienste seiner Gemeinde und leitete später sogar Kindergottesdienste.

Früh war er spirituell auf der Suche: Er kam in Kontakt mit den Zeugen Jehovas, besuchte die Vorträge der Rosenkreuzer und Anthroposophen. Aber auch Literatur faszinierte ihn. „Ich war fünfzehn Jahre alt und überzeugt, in der Schule nichts Wichtiges mehr lernen zu können. Unter der Schulbank las ich die Werke von Bakunin, Kropotkin, A.S. Neill, John Holt und Goodman. Was sich vorne an der Tafel abspielte, erreichte mich nicht. In der Schule arbeiteten Pauker. Ich aber sehnte mich nach einem spirituellen Lehrer: einem Menschen, der mit allen Adern des Daseins lebte, jemand, der Erfahrungen mit der anderen Seite der Wirklichkeit gemacht hatte."[2]

---

2 Wolff, Uwe: Welche Farbe hat die Himmelstür? Stuttgart 2003, 118.

Die Berufswahl

Nach dem Abitur im Jahr 1973 erhielt Wolff seinen Einbe-
rufungsbescheid zur Bundeswehr. Wie viele aus seiner
Generation verweigerte er als radikaler Pazifist den Wehr-
dienst und leistete den zweijährigen Zivildienst in einem
evangelischen Jugendpfarramt ab.

„Über die Berufswahl musste ich nicht nachdenken.
Ich hatte Kindergottesdienste gehalten, Jugendgruppen
geleitet und fühlte mich zum Lehrer berufen. Eine Berufung duldet keinen Widerspruch, denn sie ist ein anver-
trautes Talent. Wir haben es nicht erwählt. Ein echter
Lehrer hat einen Blick für die anvertrauten Talente.“[3]

Von 1976 bis 1982 studierte er Philosophie, Pädagogik,
Mediävistik, Germanistik und Evangelische Theologie.
Bei der Auswahl seiner Studienfächer zeigte sich sein
breitgefächertes Interesse. Beim Studium der Theologie
aber erlebte er eine Welt ohne Geschichte und Tradition
sowie eine Bibelauslegung, die ihn nicht befriedigte.
„Zwischen Bibel, Luther und Karl Barth lagen Wüstun-
gen. Feinkörnig wie Sand war auch die Auslegung des
Neuen Testaments durch Rudolf Bultmanns Epigonen.
Was am Ende von der Heiligen Schrift übrig blieb, war ein
wenig Wüstenstaub an den Fingern.“[4]

Er schloss das Studium 1985 mit dem zweiten Staats-
examen für das Lehramt ab. Der Lehrerberuf führte Wolff
ins östliche Niedersachsen, wo er in einem Dorf zwischen
Braunschweig und Hildesheim wohnte. Dort gab es eine
evangelische Kirche, die 800 Gläubigen Platz bot. „Dieser
Ort sollte für mich zu einer Erfahrung werden. Jeden
Sonntag versammelte sich hier eine Gemeinde von fünf,
manchmal zehn Gläubigen. Die Menschen senkten ihr

---

3   Wolff, Uwe: Als ich ein Junge war, München 2017, 208.
4   Wolff, Uwe: Die wiedergefundene Mitte, in: Die Tagespost vom 20.8.2020.

Haupt, als hätte sie eine große Scham ergriffen. Eine an Erstickung grenzende Sprachnot breitete sich auch in anderen Gemeinden aus."[5] Für Wolff wurde es zur Erfahrung einer spirituellen Wüste.

„An den Bänken der Dorfkirche leuchteten die weißen Namensschilder jener Familien, die in diesem Gotteshaus einst das ,Großer Gott, wir loben dich!' aus 800 Kehlen vielstimmig gesungen hatten. Ich schaute auf die Schilder. Da war es mir, als riefen die Schilder ihre Namensträger herbei: Wo seid ihr? Wo sind eure Kinder und Kindeskinder?"[6]

Entdeckung der Engel
Einen ersten Zugang zu den Engeln fand Wolff durch die Lektüre der alten Kirchenlieder im Gesangbuch während der langen Predigten. Das Lesen wurde zum Gebet und führte ihn zu den Engeln, denn in den Liedern im Laufe des Kirchenjahres sowie im Gloria und Sanctus war immer wieder die Rede von den himmlischen Chören der Engel und von ihrer Gegenwart.

1989 wurde Wolff mit der Ausbildung angehender Religionslehrer betraut. Er stand vor der Aufgabe, nicht allein Wissen zu vermitteln, sondern eine spirituelle Begegnung mit der Bibel und der Tradition zu ermöglichen. Dabei musste er sich einer doppelten Herausforderung stellen: Zwar hatte er seine eigenen religiösen Erfahrungen gemacht, aber nun war Glaube nicht nur etwas, was persönlich reflektiert oder meditiert werden

---

5   Wolff, Uwe: Der Sinn für das Heilige, in: Die Tagespost vom 19.3.2020.
6   Ebd.

musste, sondern verantwortlich weitergegeben werden sollte.

Immer wieder kam es im Leben Wolffs zu Kontakten mit Engeln. Er begegnete Engeln in seiner Kindheit in den einfachen Gebeten, die er gelernt hatte und die er seinen drei eigenen Kindern weitergab. Im Religionsunterricht wollte er die Jugendlichen in die religiöse Tradition einführen und zugleich die Seele der Jugendlichen berühren. Durch den Gesang der Kirchenlieder und Gebete entdeckte er die Welt der Engel wieder, die ihn im Wachsen und Werden der Kindheit begleitet hatten: das Schutzengelgebet, mit dem er aus dem Kindergarten nach Hause geschickt wurde, das Engellied, mit dem er von der Mutter in den Schlaf gesungen wurde. Später bei Walter Nigg, der ein umfangreiches Werk über das Leben der Mystiker und Heiligen, der Künstler und Dichter veröffentlicht hatte, begegnete er der Welt der Engel wieder. Nigg gehörte zu den großen Engelforschern, die die zeitlose Botschaft der Engel in ihrer Lebenszeit zur Sprache brachten.

Für Wolff tauchen Engel immer dann auf, wenn die großen religiösen Systeme in eine Krise geraten sind, wenn ein Traditionsbruch entsteht und sich religiöses Nichtwissen breit macht. Das ist dann die Stunde der Esoterik, in der Engel alle Wünsche erfüllen, als ein höheres Selbst oder als Stimme des Unbewussten gelten und menschliche Medien versprechen, den Kontakt zu Schutzengeln herzustellen. Im Gegensatz zur Esoterik führt für Wolff der echte Engelglaube aber in eine andere Welt, der dennoch das Leben zutiefst beflügeln und stärken kann. Uwe Wolff ist davon überzeugt, dass jeder Mensch einen Schutzengel besitzt. Er steht unsichtbar und doch sehr fühlbar an seiner Seite.

Religionslehrer und Ausbilder

Als Fachleiter für evangelische Religionslehre war er gefordert, Religionslehrer auch spirituell zu begleiten und auszubilden. Da ihn das Studium der Theologie existenziell nicht befriedigt hatte, suchte er als Lehrer und Ausbilder von Religionslehrern ein tragfähiges Fundament. „Ich suchte nach erfahrungsbezogenen Zugängen zu Bibel, Gesangbuch und Kirchengeschichte, die sich bald als Schwerpunkte meiner Didaktik herausstellten. An Erzählungen von Engeln und Heiligen interessierte mich das in ihnen verborgene biographische Zeugnis vom Wunder des Glaubens."[7]

In einer persönlichen Krise entdeckte er die Engel als Zugang zu einer authentischen Gottesbeziehung. 2005 verließ ihn seine erste Frau, die er 1981 geheiratet hatte. Inmitten dieses Umbruchs begegnete er seiner zweiten Frau Daniela, die aus der katholischen Kirche ausgetreten war. Später konvertierte sie mit ihm zurück in die katholische Kirche.

Der Zweifel, die Anfechtung, die Grenzsituation waren für Wolff eine Voraussetzung, um wieder zu den Engeln zu kommen. „Aus dieser Krise führten mich die Engel heraus, und zwar in dem Sinne, dass ich plötzlich erfahren hatte, es liegt ja nicht nur an dir. [...] Es geht gar nicht um meine Frömmigkeit und es geht nicht um mein Wissen. Es geht darum, dass ich vertraue. Dass ich das, was mir anvertraut ist, nämlich die alten Gebete, alten Texte, alten Lieder, dass ich das weitergebe. Und im Weitergeben neu erfahre."[8]

---

7   Wolff: Die wiedergefundene Mitte, 19.
8   Wolff, Uwe: zit. in SWR 2 Zeitgenossen, Gregor Papschim Gespräch mit Uwe Wolff, 2.6. 2015, https://www.swr.de/swr2/leben-und-gesellschaft/SWR2-Zeitge-nossen-Dr,aexavarticle-swr-45908.html, 12:22-12:47 (Stand: 12.05.2023).

Der Glaube an die Engel bedeutet für Wolff eine Entlastung von der Verantwortlichkeit für das Leben. Es hängt nicht alles von mir ab, sondern über dem Leben waltet ein guter Engel.

Engelerfahrungen

Wie kam das Thema ‚Engel' in der Schule an? Die Schüler liebten es, nur das Kollegium fand es merkwürdig. Wolff unterrichtete das Thema Engel anhand der großen Engelgeschichten der Bibel und der Engelerfahrungen in modernen Biografien. Bedeutsam wurde für ihn auch der Abitur-Gottesdienst, um Schülerinnen und Schüler ins Leben zu geleiten. Sie erhielten einen Bronzeengel mit den Worten: „Ihr geht nun ins Leben, aber der Engel wird euch begleiten."

„Mein Weg führte mich zu den Engeln, denen ich viele Aufsätze und Bücher widmete. Was mich an den Engeln faszinierte, war die Vielfalt der kulturgeschichtlichen Zeugnisse, ihre Allgegenwart in den Religionen, ihre Vernetzung mit biografischen Schlüsselerlebnissen, ihre Bedeutung für die Liturgie, das persönliche Weggeleit und ihr Mittlertum als Zugang zur Gottesfrage."[9]

Von Engeln zu reden, bedeutete für Wolff, von der eigenen Biografie zu sprechen und von den Schlüsselerlebnissen des eigenen Lebens. Von einem dieser Schlüsselerlebnisse während einer Forschungsreise 1995 in die russische Arktis berichtet er:

„Wir waren auf Franz-Josef-Land gewesen, das war eine Reise mit dem Hubschrauber, zwölf Stunden über das Eis und ich dachte: Du kommst hier nie wieder lebend raus! Es ist einfach schrecklich. Und hättest du bloß

---

9   Wolff, Uwe: Der Schreibtisch des Philosophen, München 2020, 95.

nicht diese grauenhafte Reise unternommen! [...] Inmitten meiner Angst sah ich plötzlich drei große Lichtgestalten, drei Engel am Horizont stehen. Und plötzlich kehrte eine ganz große Ruhe in meine Seele ein. Und ich sagte: Es ist eigentlich völlig egal, ob du hier lebend rauskommst aus dem Eis der Arktis oder ob du jetzt hier untergehst, du bist geborgen und dir kann nichts passieren. Das war ein ganz großes Gefühl innerer Geborgenheit, was ich hatte. Und was mir dann auch half, diese Reise zu überstehen."[10]

Für Wolff war das Licht der Boten eindeutig nicht symbolisch, es leuchtete tatsächlich in der arktischen Dunkelheit. Angeregt durch seine eigene Engelerfahrung erforscht Uwe Wolff seit mehr als dreißig Jahren die Engel und die Erfahrungen von Menschen mit Engeln.

Biografien als Begegnung mit sich und anderen

Viele besondere Menschen haben Wolffs Lebenslinie gekreuzt und seiner spirituellen Entwicklung Impulse gegeben. Sie wiesen ihm den Weg und er hat sie in sein Leben aufgenommen: Augustinus, Benedikt von Nursia, Hildegard von Bingen, Franz von Assisi, Dietrich Bonhoeffer, Friedrich Nietzsche, Walter Nigg, Hans Blumenberg und Jesus von Nazareth.

Er beschäftigte sich insbesondere mit der Biografie von Menschen, die spirituelle Erfahrungen und Engelbegegnungen hatten und die einen persönlichen Bezug zu ihm aufwiesen. Ausführliche Biografien schrieb Wolff über so unterschiedliche Persönlichkeiten wie den Schweizer Theologen Walter Nigg, den Schriftsteller Edzard Schaper, Anneliese Michel, die 1973 durch einen Exorzismus

---

10 Wolff, Uwe: zit. in Borchers, Antje: Engel leuchten wirklich, 31.1.2015, https://www.dw.com/de/engel-leuchten-wirklich/a-18222543 (Stand: 12.5.2023).

zu Tode kam, Rainer Maria Rilke, den katholischen Lutherforscher Erwin Iserloh, den Philosophen Hans Blumenberg und die Dichterin Agnes Miegel.

Wolff verfasste neben Biografien auch Bücher über Engel und es folgten Einladungen zu Einkehrtagen bei Benediktinern und Zisterziensern, wo er am Stundengebet teilnahm. „Ich war in der Mitte der Katholischen Welt angekommen, ohne es zu merken. Mit den Kindern besuchte ich Fatima, mit meiner Frau Lourdes. In der Wallfahrtskapelle der schmerzensreichen Mutter Gottes von Telgte ließen wir unsere Ehe von einem freundlichen Priester aus Indien segnen. Mit meinem Freund besuchte ich die heiligen Orte der Franziskaner in Assisi und war längst geübt in der Handhabung der Rituale. Auf den unzähligen Vorträgen über die Engel und die Heiligen in evangelischen Gemeinden hielt man mich immer für einen Katholiken."[11]

Er suchte Kontakte mit katholischen Geistlichen, fand aber keine ‚Willkommenskultur', sondern spürte ein Gefühl der Befremdung bei seinen Gesprächspartnern.

1995 wurde Wolff von der Theologieprofessorin Barbara Hallensleben zu einem Engelsymposium nach Fribourg eingeladen und ermutigt, eine Biografie Walter Niggs zu schreiben, mit der er schließlich an der katholischen Fakultät zum Doktor der Theologie promoviert wurde.

Die Konversion

Vor einem Austritt aus der evangelischen Kirche scheute Wolff zurück, war er doch durch das evangelische Kirchenliedgut eines Paul Gerhardt und Gerhard Tersteegen

---

11 Wolff: Der Sinn für das Heilige, in: Die Tagespost vom 19.3.2020.

spirituell in seiner Kirche tief verwurzelt. Er fragte sich: „Konnte ich nicht in der evangelischen Kirche katholisch sein? [...] Evangelische Identität besteht oftmals aus reiner Abgrenzung gegenüber der katholischen Tradition. In der evangelischen Kirche kann man nicht katholisch sein. Man muss den Sprung in die Mitte wagen, gerade jetzt, wo die Altäre immer mehr verhüllt werden und der Maske mehr zugetraut wird als der Eucharistie."[12]

Im Messopfer wurde für Wolff die Mitte des Glaubens erfahrbar: Gottes Gegenwart. „Hier beugen Menschen die Knie vor dem Geheimnis des Glaubens. Hier erfahren sie Vergebung und Befreiung. Christus spricht nur ein Wort, und die Seele wird gesund."[13]

Als geheimnisvolle Fügung auf dem Weg zur katholischen Kirche sah Wolff die Begegnung mit Thomas Blumenberg, dem Pfarrer von St. Gallus in Detfurth. Die Arbeit an der Biografie des Philosophen Hans Blumenberg, der mit dem Pfarrer verwandt war, führte Wolff in die Messe dieses Pfarrers. „Da fühlte ich: Hier gehörst du hin. So kam ich an, wo ich schon immer gewesen war."[14]

An seinem 65. Geburtstag am 27. Juli 2020 wurde Wolff in die katholische Kirche aufgenommen. Seine 2007 evangelisch geschlossene Ehe wurde durch den Hildesheimer Bischof Heiner Wilmer als katholisch anerkannt und am 18. Juni 2021 erfolgte die Firmung durch den Bischof.

„Neben einer geliebten Frau in einer Kirchenbank zu knien und gemeinsam die Eucharistie zu erhalten, ist sehr bewegend. In der katholischen Messe ist mein Leben und so viel Ungesagtes und Unsagbares aufgehoben. Das gilt auch für die Verstorbenen, mit denen wir eine Ge-

---

12 Wolff: Die wiedergefundene Mitte, 19.
13 Ebd.
14 Ebd.

meinschaft bilden. Auch die früh verstorbenen Kinder. Wir wollten Kinder, aber es kam zu drei Fehlgeburten. Wenn wir in der Messe sind, dann sind diese Kinder anwesend."[15]

In einem Bericht über sein erstes Jahr nach der Konversion in der Gemeinde St. Gallus beschreibt Wolff, wie er staunend die Gottesdienste mitvollzieht: „Ich suche einen Platz in der letzten Bank. Zwar bin ich Doktor der katholischen Theologie und habe viele Bücher über Engel und Heilige geschrieben, aber in der liturgischen Praxis bin ich ein grüner Junge. [...] Für Konvertiten ist der Platz unter der Orgelempore bestens geeignet, um mit der Vielfalt liturgischer Abläufe vertrauter zu werden. Hier erlebe ich Schönheit der Anbetung und kann mich in die Gesten einschwingen: Die Verbeugung vor dem Allerheiligsten, die Bekreuzigung von Stirn, Mund und Herz. Sie erklärt sich selbst als Symbol des ganzen Menschen mit Denken, Sprechen und Glauben. Niemand muss mir das große Kreuz erklären. Da erscheint in der Bewegung zwischen Vertikale und Horizontale der Mensch – ausgespannt zwischen Himmel und Erde. Das Kreuz ist uns auf den Leib geschrieben. Die weit ausgebreiteten Arme des Priesters und das anschließende Kreuzzeichen durchdringen das Kirchenschiff bis zur letzten Bank mit dem Segen des Himmels."[16]

Ist die Konversion Wolffs nun eine Absage an die evangelische Kirche? Nein, denn weiterhin schätzt er beispielsweise das evangelische Liedgut. Und in seinem Bericht über seine Konversion zitiert er den großen ka-

---

15 Uwe Wolff in einer E-Mail vom 27.4.2022 an den Autor.

16 Wolff, Uwe: Kleiner Bericht über eine Konversion, https://engelforscher.com/index.php/engel/jeder-engel-ist-schrecklich-rilkes-duineser-elegien (Stand: 12.2.2023).

tholischen Theologen Karl Rahner folgendermaßen: „Man sollte es den Konvertiten anmerken, dass sie evangelisch waren. Sie sollen ihr Erbe nicht bloß als Vergangenes, sondern als Auftrag an die neue Kirche betrachten."[17]

---

17 Rahner, Karl: Über Konversionen, in: Sämtliche Werke. Band 14, Freiburg i.Br. 2006, 33.

Bild- und Textnachweis

Hugo Ball und Emmy Hennings: AKG9400262 © akg-images/Mondadori Portfolio/Archivio GBB. – Der Text erschien leicht verändert unter der Überschrift: Hugo Ball (1886-1927). Langsame Konversion, in: Poeten, Priester und Propheten. Leben und Werk inspirierender Schriftsteller, hg. von Stefan Meetschen und Alexander Pschera, Kißlegg 2016, S. 139–147, (c) beim Autor.

Katharina Kasper: KNA ID 180814-93-000173 © 2018, Julia Steinbrecht/ KNA GmbH, www.kna.de, Alle Rechte vorbehalten

Karin Struck: Ullsteinbild 02638676 © ullstein bild – Hellgoth

Max Thurian (v.l.n.r, mit Frère Roger Schutz, Augustin Kardinal Bea und Papst Johannes XXXIII.): KNA_13930 © 1800, Ernst Herb/KNA GmbH, www.kna.de, Alle Rechte vorbehalten

Antoni Gaudí: Ullsteinbild 5.0023425 © ullstein bild - adoc-photos

Quintin Montgomery-Wright, sein Grab: Ayack, CC BY-SA 4.0, via Wikimedia Commons https://commons.wikimedia.org/wiki/Category: Chamblac? uselang=de#/media/File:Le_Chamblac_-_Tombe_de_Quintin_Montgomery _Wright.jpg

Elisabeth Gnauck-Kühne: © Archiv des Katholischen Deutschen Frauenbundes e.V. (KDFB), Köln, mit freundlicher Genehmigung

Leonhard Adler: KNA_234981 © KNA-Bild

Justo Gallego Martínez: AKG9726691 © Eric Vandeville / akg-images

Marshall McLuhan: AKG2349957 © Manuel Bidermanas / akg-images

Ernst Jünger: Ullsteinbild 00227104 © ullstein bild – dpa

Karin Öberg: © Martha Stewart, mit freundlicher Vermittlung durch Prof'in K. Öberg, Harvard University

Uwe Wolff: © Undine Wolff, Bad Salzdetfurth

Der Autor

Alfred Sobel arbeitet als Autor und Journalist in Berlin. Nach Studien in Mainz, Toulouse und Berlin in Katholischer Theologe und Bibliothekswissenschaft hat er eine Zusatzausbildung als Mediator abgeschlossen. Neben seiner Tätigkeit als Bibliothekar veröffentlichte er Bücher sowie Beiträge in Rundfunk, Zeitschriften und Anthologien, teilweise mit seiner Ehefrau Sylvia Sobel.

Seine Interessen sind: Film, Biografien, Frankreich, Klöster und Kirchen.